2021年版の年鑑バスラマをお届けする。年鑑バスラマは2カ月に1度のバスラマ通常号に対して，国内で販売されているバス全車種の特徴やスペックを紹介する「国内バスカタログ」をはじめ，その1年間の国内バス動向，業界や周辺環境の動き，海外の最新バスのカタログ，歴史記事などで構成している。また2019年版からは発行日を前年12月から新年にシフトすることで，1月～12月の動きを網羅して紹介している。

　2020年の国内バス業界は，新型コロナウイルスCOVID-19による感染症拡大により，輸送人員の大幅な減少に直面した。事業者における新車発注に大きな影響が生じているのも事実だが，一方で東京オリンピック・パラリンピック開催などを踏まえて計画されてきた国産ハイブリッド連節バスの運行開始や，燃料電池バス・電気バスの増加が目についた。また電気バスは一部のディーゼル改造を除けば中国製のみながら，現在3車種9車型がラインアップし市場獲得への動きが始まっている。さらにドライバー不足対策や運行コスト削減をねらった自動運転へのトライアルが全国で行われるとともに，小型車両による公道での定時・定路線運行もスタートした。

　2021年版ではこうした最新動向をくまなく紹介するとともに，自動運転については新たにこの1年間の実証実験・定期運行の総覧を掲載した。

Contents

表紙写真　バスで構成する日本列島．北海道：北海道北見バスの日産ディーゼルUA（保存車），東北：会津乗合自動車のBYD K7RA，関東：東京都交通局のトヨタSORA，中部：三重交通のいすゞエルガデュオ，甲信越：長電バスの日野ブルーリボン，近畿：西日本JRバスのアストロメガ，中国：岡山電気軌道の「たまバス」，九州：西鉄バス北九州のシターロG，沖縄：沖縄バスの三菱ふそうMP（ナナサンマル記念車）

COVID-19／新型コロナウイルス 感染症拡大が見せた日本のバス

和田由貴夫

2020年，世界の人々の暮らしはCOVID-19／新型コロナウイルス感染症によって激変した。国外で発生したとされる感染症だが海外旅行をしたことのない人々にも，海外旅行の経験者と接触したことのない人にも感染が広がる様子を見ると，いかに工夫を重ねてもこの感染症とは無関係ではいられない恐怖を感じるが，これこそ我々がグローバル社会の中に生きている証拠なのだとも実感する。識者は「小惑星の砂を持ち帰る最高度の文明を獲得しても尚，人類は自らに与えられた生命の厳粛なる掟に従い,その生を全うしなければなりません」と指摘する。まさにそのとおりだ。この感染症に対する自衛手段は「手洗いとうがい」，そして人々同士の無用の接触を避けるというのは象徴的だ。コミュニケーションを避けるという社会生活はあり得るのだろうか。「バスの車内はコミュニケーションの場」という見方も変わっていくのだろうか。

世界の影響が瞬く間に日本国内の人々に及ぶのだから，人々の生活を支えるバス事業にも直接的かつ予断を許さない影響が及んでおり，その状況は2021年を迎えた時点でも続く。2020年はバスラマが創刊してから30周年という節目の年だったが，ここではこの1年間の経験を振り返り，今後に学べる部分を探してみたい。

「輸送人員の対前年比」に見る顕著な傾向

長年の読者やクライアントに支えられて迎えた創刊30周年記念号＝No.180（2020年6月25日発行）で特集に位置づけたのもCOVID-19のバス業界への影響の把握だった。一般乗合，高速路線，定期観光，貸切の分野ごとに，弊社が抽出したバス事業者のご協力を得て輸送人員の対前年比を掲載した。本誌のNo.180の編集作業を進める時期，この未知の感染症はクルーズ船の乗客から広まりを見せ，著名人の感染死などもあって急速にクローズアップした。感染症の急拡大を受けて2020年4月，政府は緊急事態宣言を発出。「テレワーク」という耳慣れない言葉で通勤の自粛が呼びかけられ，多

くの学校が休校した。春休みからゴールデンウィークにかけては修学旅行や遠足，新人研修など貸切バス需要が増加する時期だが，それが突然消えた。当初は数カ月で終息に向かうであろうという大方の予測を裏切るように，事態は好転しないまま夏を迎えた。次ページ下図はNo.182に掲載した乗合バスの輸送人員の対前年比だが，バス業界だけでなく，広く社会が共有すべきデータであろう。

その後も依然として深刻な状況が続く。報道される感染者数は検査数に比例し，検査の対応力も増加しているのだから単純な比較はできないが，感染者数の減少を人々は期待し続ける。マスコミでは「コロナ疲れ」や「コロナ慣れ」，気の緩みという指摘も見られるが，実効再生産数を減らすことが改善である。そのためにも，感染症から身を守るための基本に忠実な行動をすべての人が実践すれば事態は好転に向かう，そう信じよう。

バスドライバーはエッセンシャルワーカー

昨今は国内で医療崩壊が現実味を帯びているといわれるが，利用者が減少する中，運行を続けるバス事業者の負担も増大している。人々の生活を支えるバスの運行はエッセンシャルワークであり，実際の運行を支えるのは生身の人間である以上，感染リスクに直面しながら仕事に取り組むエッセンシャルワーカーである。日本のバスは多くが民間事業者の経営だが，社会インフラでありながら収益性が問われる実態を改めてクローズアップさせたのもCOVID-19ではなかったか。

バスの現場を支える人々は，日常的に健康管理を実践している。だから感染症に強いという指摘もあるが，その背景にはバスの運行に携わる人々がダイヤに合わせた生活習慣を実践していることを見逃してはならない。いわゆる「9時～17時」の勤務形態の人々を運び，年末年始も日曜祝日も仕事する，多くの業種とは異なる厳しさがある。また要員不足の環境下，自分の仕事が社会を支えていると

2020年5月の羽田空港搭乗待合室。多くの航空便が欠航する中，人影もまばら。紋別空港行は平常でも1日1便の設定だが，利用当日は週3便に減便されていて，この日の乗客は10人程度と少なかった

In 2020, the lives of people around the world changed drastically due to Covid-19. It is said that washing of the mouth, washing hands, and restricting unnecessary contact among people are effective methods to prevent the spread. Is it possible to achieve a society while avoiding communication? Will the conception of "buses are places of communication" change? The chart shows the number of passengers of route bus operators from March to August, comparing this year to previous year. This is a situation that must be shared by the society. We consider operation of buses as essential work, and the actual people supporting operations as essential workers. Majority of buses in Japan are operated by private operators, but Covid-19 has highlighted the fact that even though buses are a part of social infrastructure, they must also make profits. People supporting the operation of buses take care of their health daily, feeling strong responsibility for the lives that depend on operation schedules as well as their commitment to adhering to their own operation schedules. Society demands reasonable LOHAS bus operations. As passengers, we would like to cheer from the bottom of our hearts the drivers who nonchalantly go about their job of operating buses. On the other hand, what is more expected than cheering is government funding to match the needs. Some relief have been outlined, but rather than a temporary solution, we consider this to be the apt time to discover the role that the buses play as infrastructure. Chartered bus operators also faced drastic changes from 2019 when the government had announced plans to increase the number of tourists visiting Japan. Buses prosper during times of peace, so are at a distinct disad-

いう強い自覚があるはずだ。だからといって無理をしてまで運行業務に就くようでは「健康で持続可能」すなわちロハスではない。社会は歯を食いしばらなくとも安心して持続するバスサービスを求めている。「病は気から」ともいうが、バスに携わる人々には仕事に対するメンタルの強さがあるのではないだろうか。それはすべての職種でも求められている。だからさりげなく日々の運行をこなすバスドライバーに我々は利用者の立場で、心からのエールを贈っている。

バスの在り方を見据えた行政の支援が必要

一方で我々からの声援よりも社会インフラであるバスをサポートする役目を持っているのは、社会そのものである。コロナ禍における利用者が減少し、運賃収入が減少しても、運行コストは変わらない。一般乗合では観光が主目的の路線、通学需要、深夜便などに運休や減便が目立つ。「バス事業は日銭が稼げる」のも事実だが、日銭が稼げないと途端に固定費が重くのしかかる。行政側は一般企業に向けた雇用調整助成金や一時給付金とは別に、運行便数の減少で車内が混雑することを避けるねらいで、自主運行路線に対して1台当たり80万円の補助金を計上するなど業界に向けた支援策を用意した。また運休に伴い一時的に休車して整備コストの抑制や保険期間の延長といった措置も講じられた。しかしバス事業者は休車といえども車両性能は維持しなければならない。事業者からは稼働しなくとも必要な車両の維持管理の経費への補助を期待する声も聞こえてくる。実情を熟知した支えが欠かせない。一過性の補助にも効果はあるが、本来はバス事業を公的に維持・発展するための仕組みが求められていることも、昨今の状況によって示されている。バス事業のあり方そのものを社会は考えていく必要がある。

貸切事業でもコロナ禍払拭の努力が続く

乗合事業に比較して貸切事業への施策はどうだろうか。2019年頃まで、貸切バス業界はインバウンド観光客への対応に沸いていた。海外からの観光客数の増大に旗を振る政府の方策もあった。わずかな歳月で劇的な変化である。バスは平和な時代に発展するものだからこそバスの発展が実感できる社会を目指そうというのは本誌の創刊号に記したが、観光バスは世の中が不安定になると真っ先に影響を受ける。参加者が集まらなければ仕方ないが「バスは乗客が密になるから危険」という意識を払しょくすることに事業者は躍起だ。利用者ができる限りの感染防止対策をしていれば、バスによる2地点間移動は、不特定多数の人々と接触する可能性がある移動よりは安全性が高い。貸切事業者は座席定員を大幅に下回る募集定員での催行を余儀なくされているが、座席配置の変更が容易にできれば、ソーシャルディスタンシングが保てる高品質なサービス提供が実現する。シートの安全基準がEU並みになった現在でもシート数を変更すること自体は不可能ではない。

一方、貸切事業は日本の文化を支えてきただけでなく、本当に緊急事態が発生した場合でもまとまった人数を運ぶという、他の自動車にはない能力と機動力を備える、なくてはならない存在である。

人の移動が減って収益が悪化したと報じられるのはすべての公共交通に及んだ結果、人は移動しないでモノが動く。公共交通機関の輸送人員が低迷する一方で、物流は活性化している。物流の英語「ロジスティック」が「兵站」から来ていることはよく知られているが、現代のトラックは人々の暮らしを豊かにする役割を果たす。バスもトラックも共に発展する社会を実感できる日の到来を期待したいものである。その日を近づけられるかどうかは我々の日々の生活習慣にある。　　　　（わだ・ゆきお／バスラマインターナショナル編集長）

vantage at the moment. Operators are diligently attempting to overcome the thinking that buses are dangerous because the passengers are in close proximity to each other. If the passengers take preventive measures, it could be said that transportation on board a bus is safer than the possibility of coming in contact with unspecified number of people. Chartered buses are essential as they have not only supported Japanese culture, but have the ability and mobility unlike other automobiles to transport numerous people in case of emergencies.

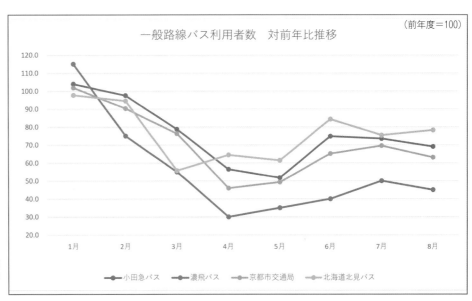

（前年度＝100）

一般路線バス利用者数　対前年比推移

凡例：小田急バス　濃飛バス　京都市交通局　北海道北見バス

3月〜8月の乗合4社局の輸送人員対前年比。事業者の規模は違うが見事に同じ傾向を示している（詳しくは本誌№182参照）

地球環境保全に対して自動車ができること

三崎浩士

■環境問題とエコカー

1997(平成9)年12月に京都市で開催された第3回気候変動枠組条約締約国会議(COP3)で,先進国の温室効果ガスの削減目標が定められた(京都議定書)。筆者はその翌年3月に『エコカーは未来を救えるか』(ダイヤモンド社)を上梓し,電気自動車,天然ガス自動車,アルコール自動車,水素自動車などのエコカーの能力がどのようなものであるかを論じた。それから23年が経った。この間,温暖化問題とエコカーにはどのような進展があったのだろうか。

地域的環境問題では大気汚染,酸性雨が,地球的環境問題ではオゾンホールが話題に上らなくなり,専ら温暖化とプラスチックごみに焦点が当てられている。

一方,エコカーに関しては,電気自動車,電気—内燃機関のハイブリッド自動車,燃料電池自動車のみが選択肢として挙げられている。その他のエコカーはほぼ消滅した。

アルコール自動車にはメタノールとエタノールとがある。両方とも火花点火のオットーサイクルであり,ディーゼル代替では効率の悪さで分がない。メタノールは石炭から製造する薬品であって,脱炭素のエネルギー源ではない。エタノールはサトウキビなどの廃棄物から製造されるが,わが国はそのような植物の大量生産国ではない。しかもアルコール燃料は氷点下での点火が難しい。

天然ガス自動車は,ディーゼル車の排出ガス対策が進んだため,環境面での優位性は消えた。オットーサイクルであるため,ディーゼル車に対して熱効率は約2割悪い。200気圧の圧力容器にガスを充填するため,アルミの円筒にカーボンファイバーを巻いて耐圧性を高めた容器は高価で重く,車載時のレイアウトの自由度を奪う。200気圧の高圧でガスを充填するにはコンプレッサーの電気代も馬鹿にならない。そもそもわが国は天然ガスのほとんどを輸入に依存しており,ガスを優遇する理由にはならない。

ソーラーカー。大型バスの屋根に2m×10mの太陽電池を貼ったとしたら,太陽光の照射パワーkW/㎡を変換効率20%で発電したとしたら,晴天時でもその出力は高々4kW。原付バイク並みでしかない。

■内燃機関の絶滅?

2016年2月頃に北欧から始まったガソリン車やディーゼル車の将来的な新車販売禁止は,欧米や中国にまで拡がった。菅 義偉政府は2020年12月25日,2050年の脱炭素社会の実現に向けた実行計画を取りまとめた。14の分野での計画の中には,2030年代半ばまでに乗用車の新車販売をすべて電気自動車やハイブリッド車,燃料電池車などに限るというものがある。

これは菅首相が2020年10月26日,所信表明演説で「温室効果ガス排出量を2050年までに実質ゼロとする」と表明したことを受けたものだ。二酸化炭素の削減は,排出実質ゼロにするカーボンニュートラル,さらには過去に大気中に排出された二酸化炭素を削減するビヨンド・ゼロがある。この背景には地球温暖化は二酸化炭素が主原因であるとの世界的な認識がある。

ところで,ガソリン車・ディーゼル車には,国税として揮発油税と地方揮発油税(地方に全額譲与),石油ガス税(LPG),石油石炭税,地方税として軽油引取税がある。ガソリン車・ディーゼル車が将来的に禁止された場合の税収はどうするのだろうか?

■再生可能エネルギーのはかない夢

わが国はエネルギーの9割を輸入に依存している。もし再生可能エネルギーで自給率を高めることができれば,それは喜ばしい。菅政府の長期戦略では,洋上風力の発電能力を2040年までに大型の火力発電所45基分にあたる4,500万kWにまで拡大することを目標としている。この華々しい目標を祝うかのように,国は600億円を投じた福島県沖の洋上風力を2021年度中にすべて撤去することを決めた。

新たに政権に就いた菅総理大臣は2020年10月の所信表明演説で「温室効果ガス排出量を2050年までに実質ゼロにする」と表明した。この背景には,地球温暖化は二酸化炭素が主原因であるとする世界的な認識がある。このため2030年代半ばまでに乗用車の新車販売をすべて電気自動車やハイブリッド車,燃料電池車に限るという計画も出てきた。本項の筆者の三崎氏は1997年に京都市で開催された第3回気候変動枠組条約締結国会議(COP3)の翌年,『エコカーは未来を救えるか』(ダイヤモンド社刊)を著した。この本には「自動車エンジニアが,いいたくてもいえないほんとの話」というサブタイトルがついており,当時注目をされた新世代自動車の可能性と限界を詳細に検証した。新世代自動車とは,天然ガス自動車やハイブリッド・カー,電気自動車,燃料電池車,水素自動車などなど。

以来23年間,自動車技術は大きな転換期にあると言われている中で当時脚光を浴びたいくつかの技術は消え,新たに注目を集める技術に対する課題は解消したのだろうか。自動車の性能は加速性能や燃費性能だけでなく,社会インフラと地球環境への影響にも配慮しながら方向性を見出すべきという筆者の主張は一貫している。電気自動車は無公害と言えるのか,燃料電池車や水素自動車は燃料確保のめどが立っているのか。日進月歩と言われる技術革新の中で,本質をとらえた闊達な議論が必要と論じている。三崎氏は1957年長崎市生まれ。1984年東京大学工学部船舶工学科卒,1996年まで自動車メーカーでバス開発に携わり,低床バス,ハイブリッドバス開発などを担当した。

採算が取れないからだという。ん？どういうこと？

　ちなみに，風力発電の発電量は風速の三乗に比例する。即ち，風速20m/sで最大の出力を発揮する風力発電機は，風速10m/s時の出力は半分ではない。半分の三乗なので8分の1になる。「風速の惨状」と言ってよいかもしれない。

　風力発電は風任せと言われるが，風が吹かなければ発電しない。実質的には発電電力量は10％程度だろう。つまりは，「4,500万kWにまで拡大する」というのではなく，「4億5,000万kWにまで」と記さなければならない。出力5,000kWの風力発電機なら9万本。どこに建てるのか？因みにこれだけ大型の風力発電機ならプロペラの直径は100m。大型バス10台を繋げて回転させているような壮観さだ。

　さらに言えば，周波数を安定させ，かつ停電することなく電気を供給するには，揚水発電をセットで建設しなければならない。つまり，火力発電の10倍以上の発電設備と，それに見合う分の揚水発電が必要となるのだ。

　これは，太陽光発電も同じだ。太陽光発電の出力は，5月のよく晴れた日の正午，太陽に30度で正対した場合の理論値だ。夏場は太陽光パネルの表面温度が上がって効率が落ちるし，夜はもちろん，雪やゴミが積もっても発電出力は低下する。火力や原子力は連続運転ができるが，太陽光はそうはいかない。年間を通じて10％程度も褒め過ぎか？即ち，100万kWの火力発電なり原子力発電なりを代替するには1,000万kW以上の太陽光パネルが必要となり，しかも電力の安定的品質確保のためにはそれ相応の揚水発電が必須アイテムである。

　これまたついでに言えば，太陽光パネルの主原料の珪石は全量輸入であり，珪石から半導体ウエファを作るには大量の電気が必要となり，太陽光パネルが発電するであろう電力量の2年分は必要だ。

電力の缶詰と呼ばれたアルミ精錬はわが国から姿を消した。太陽光パネルとて同じだ。そもそも，世界中でそれだけ大量に珪石が生産できるのか？電力はあるのか？製造工場はあるのか？作るだけではない。20年30年と経てば，太陽光パネルは廃棄される。リサイクル技術が確立されていないからだ。低品位の金属シリコンは回収できようが，半導体に利用可能な高品位の金属シリコンは回収できないのだ。太陽光発電の推進には，広大な産業廃棄物処理場もセットで必要になる。

■水素社会？

　脱炭素の象徴であるのが水素だ。水素は宇宙で最も大量に存在する原子番号1の最も基本的な元素である。地球の表面積の7割は海で，その平均深度は3,729m。海水はH_2Oに塩分などが混ざったものだが，大量に水素原子（H）が存在することは容易にわかる。では，これらは水素エネルギーと呼ばれる気体の水素（H_2）か？

　海に川に，あるいは植物にも大量の水素原子が存在する。だが大気に水素分子はほとんど存在しない。個人差はあるだろうが，人間の体の60％は水分だという。体重60kgの人なら36kgは水分だ。とすれば水の分子量18だから2kgの水素原子を持っていることになる。筋肉や脂肪，骨にも水素原子が含まれる。では，これらは気体の水素分子として取り出せるのか？つまり水素は最も大量に存在する原子でも，気体としての水素分子は作りださなければならないのだ。その方法は　天然ガスやLPG（液化石油ガス），石炭から取り出すか，水を電気分解するかだ。戦中戦後の木炭バスも水素と一酸化炭素を利用したものだった。水素自動車とは呼べないけれど。

■将来のエコカー

　電気自動車は自動車の黎明期には隆盛を極めたが，内燃機関の発達ですぐに姿を消した。昭和の高度経済成長期には公害が社会問題となり，様々な電気自動車が提案された。平成に入って，かつての

参考：
●EVsmartブログ「各国のガソリン車・ディーゼル車規制動向」 https://blog.evsmart.net/ev-news/global-petrol-gas-car-ban/
●NHK NEWS WEB「脱炭素社会」2050年実現へ その具体的な道筋は？」2020年12月25日 18時43分
　https://www3.nhk.or.jp/news/html/20201225/k10012783421000.html
●(有)ゴッドフット企画：http://godfoot.world.coocan.jp/index.htm

　In his Policy Speech of October 2020, the new Prime Minister Suga stated that Japan would "reduce greenhouse-gas emissions to net zero by 2050". Behind this thinking is the global consensus that carbon dioxide is the main reason of global warming. A plan to have all of the new passenger cars sold by the mid-2030's to be restricted to either electric, hybrid, or fuel cell has been announced. In 1997, the year after COP3 was held in Kyoto City, the writer of this article, Mr. Misaki, had written a book "Eco Car Wa Mirai Wo Sukueruka" (translated as "Can Eco Cars Save The Future?") published by Diamond. The subtitle of this book is "Real stories that the automobile engineers want to but cannot say", and evaluated in detail the possibilities and limits of the new generation automobiles that had been attracting attention. The new generation automobiles included hybrid cars, electric cars, fuel cell cars, hydrogen cars, etc.
　In the 23 years since then, it is said that automobile technology is at a major cross road, and some of the technology that had been attracting attention back then have disappeared, while we question whether problems have been solved about the technology that are newly attracting attention. The author has continually stated that the performance of automobiles should not only be judged by acceleration and fuel consumption but also by taking into consideration the effects it will have on social infrastructure and global environment. Can electric cars really be considered as non-polluting, has fuel been secured for fuel cell cars and hydrogen cars? In midst of rapid technological revolution, he states that it is necessary to have essential, open-minded discussions. Mr. Misaki was born in Nagasaki City in 1957. He graduated from The University of Tokyo, Faculty of Engineering, Department of Marine Technology in 1984. He worked at an automobile manufacturer until 1996 developing buses, and took part in development of low floor buses and hybrid buses.

公害が地域的な環境問題としてクローズアップされると，これまた多様な電気自動車の試作品が公開された。電気自動車の電池が鉛蓄電池からニッケル水素電池，そして今，リチウムイオン電池が進化するに従い，実用化の声が高くなった。しかしながら，進歩はしたが，ポテンシャルが飛躍的に向上したわけではない。

電池の重量当たりのエネルギー量（エネルギー密度）は，ガソリン・軽油の300分の1でしかない。走行距離を伸ばそうとすれば，その分，重い電池を搭載しなければならず，積載量や乗車定員の削減が必須となる。これまで運んでいた荷物や人を減らし，その分，電池を運んで回るのだから，運賃は高くせざるを得ない。電気自動車が電気自動車である限り，電池の重量から逃れられないのだ。

可燃性液体の電解質の代わりに固体の電解質を用いた全固体電池に注目が集まっている。これまでのリチウムイオン電池の欠点である発火事故が防止できる上，おおむね2～3倍のエネルギー密度が期待できるからだ。それでもガソリン・軽油のエネルギー密度との乖離は大きい。しかも本格的量産はこれからなので，量産技術の確立，コストなどの課題がある。

肝心のリチウムも，海水に多量に含まれているとはいっても，資源として採集できるのは，それが凝縮されたチリの塩湖のような場所だけだ。

水素自動車。ここでは内燃機関の水素エンジンではなく，燃料電池を取り上げる。

先述のように，水素分子である気体の水素は化石燃料，ないしは水の電気分解から得るしかない。大きなエネルギーから小さなエネルギーを得る理不尽な行為でもある。しかも，700気圧に圧縮して車載する。天然ガス自動車の200気圧の圧力にも耐えかねたのに，そんな圧縮のための電力消費に耐えられるのだろうか？

■誰か温暖化について教えてください

再生可能エネルギーも環境問題も良い方向に進むことに異論はない。ただし理にかなっていればの話だ。世界中が脱炭素を叫び，ガソリン車・ディーゼル車を排斥しようとしている。だがしかし，洋の東西を問わず，政治家も官僚も活動家も学者も結構なウマシカだと思う。わかってはいるけれど，それで飯を食っている人もいるだろうし，巨額の利権を手にしている人もいるだろう。どうせ，15年後，20年後は第一線を退いているし。だから，本気で地球環境を良くしたいと思っている人も，良い人になりたいだけの人もこぞって脱炭素を叫ぶのだ。2019年9月には世界中の400万人の若者がクライメート・ジャスティス（気候正義）を訴え，史上最大規模の同時デモを行ったのだから。

ところで，温暖化は温暖化効果ガス（Greenhouse GAS）なるものが地球表面から放射される赤外線エネルギーを吸収することで進行すると説明されている。その主たる温暖化効果ガスが二酸化炭素で産業革命時の280ppmから現在380ppmまで上昇した。だから，地球温暖化を食い止めるには二酸化炭素を減らさなければならないのだという。

ところで，ppmという単位は正しく理解されているだろうか？ppmはparts per millionの頭文字を取ったもので百万分率と呼ぶ。二酸化炭素が100ppm増えたということは，大気中の二酸化炭素が100万分の100，即ち，1万分の1増えたことを意味する。1万分の1で天変地異が起きるのか？

ネパール人が「丘」だと言う富士山の標高は3,776m。山頂の平均気温は8月で6℃，6～9月を除けば氷点下である。旅客機が飛ぶ高度1万mは地上が20℃なら−40℃の世界だ。地球が赤く熱されているポスターを見ることがあるのだが，それはどこのことだろう？

(有)ゴッドフット企画の概算では海水は大気の1,000倍の熱容量を持つのだという。風呂を沸かせば浴室は温まるが，浴室を温めても風呂は沸かない。つまりは地球の気温を安定させているのは海なのだ。不思議なのは，温暖化の説明の図では，海も大気中の水蒸気も出てこない。

海は大規模な海流循環をしている。それは精密な動きではなく，時にはエルニーニョやラニーニャを生む。地軸の変動，太陽の活動，他の惑星との関係など，地球環境は極めて複雑で，その複雑系の中で46億歳の地球は全球凍結を含めて寒冷化と温暖化を繰り返してきたのだ。

国連食糧農業機関（FAO）は，人口増に伴う食糧危機に昆虫食を推奨したが，二酸化炭素増→植物生育増→食糧増の図式だって描けるのではないか？あるいは地球が寒冷化した場合はどうするのだろうか？食糧を求めての民族移動，食糧争奪も起こり得るではないか。

必要なことは，温暖化と二酸化炭素を結びつけることに懐疑的な意見を封じるのではなく，理論的な検討ができる言論空間を創出することだ。当面は無理かもしれないが…？　　　　（みさき・こうじ）

エコカーは未来を救えるか　新世代自動車の可能性と限界
B6判・368ページ
ダイヤモンド社　1998年
ISBN 4 -478-87071- 3

国内バスハイライト 2020

The High light of Domestic Buses 2020

10月1日，東京都心―臨海エリア間の新たなアクセス「東京BRT」がプレ運行を開始した．プレ運行は東京BRT親会社の京成バスにより，連節バス1台，燃料電池バス5台，ディーゼルバス3台が運行される．看板車両のハイブリッド連節バス・いすゞエルガデュオが汐留付近を行く

2019年12月に中国・武漢で確認された新型コロナウイルスCOVID-19による感染症は瞬く間に世界に広がり，2020年12月末時点で日本国内だけでも感染者数約23万人，死者数3,400人に達している．日本では４月に緊急事態宣言が大都市圏〜全国の順に発出され，外出自粛や休校，テレワークの推進が呼びかけられるとともに，商業施設やイベント施設等の使用制限などが実施された．その後緊急事態宣言は５月中〜下旬に順次解除されたが，同宣言の発出以前から海外との往来が制限されるとともに，感染拡大の懸念がある団体での移動が激減したことで，バス業界ではインバウンド旅客需要を含めた貸切バスや，国際線空港連絡バスの需要がほぼなくなった．ま

た外出自粛や休校により高速バス，国内線空港連絡バス，一般路線バス，定期観光バスでも需要に応じて運休や運行回数の削減が行われ，輸送人員は大きく減少した．バスラマ調べによる2020年４月時点の輸送人員の対前年同月比は，事業者・地域によっても異なるものの，一般路線で30〜65％，高速路線で10〜50％程度と大きく減少した

↑緊急事態宣言発出中の東京・新宿駅南口．ゴールデンウィーク中にもかかわらず人も車も消え，バスタ新宿から出てきた高速バスがわずかに見られる程度（４月30日）

←国内を移動するニーズの減少で国内線の便数も大幅に削減された．大阪空港交通の車庫では多くの車両が稼働再開を待っていた（７月27日）
↙海外との往来が制限されたため閑散とした成田空港のバスターミナル（９月４日）
↓これまで多くのインバウンド旅客で賑わった岐阜の高山バスターミナルも，利用するのは日本人だけ（９月26日）

  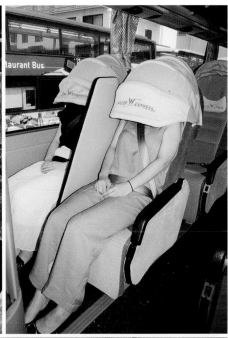

新型コロナウイルス感染症拡大による大幅な需要減少の中で，バス事業者は利用者に対して「バスは安全な乗り物」を訴求するとともに，乗務員の安全を確保するため，車両や施設に対して様々な感染症対策を行っている

上段左：多くの事業者では乗務員〜乗客間の飛沫感染を防止するため，最前席の使用を中止した．西武バスの例

上段中：高速バスや貸切バスなど観光タイプの車両では，乗客同士の飛沫感染を防止するため，隣り合うシート間に仕切り板を装着するケースが多い．名鉄バスの例

上段右：都市間高速バス事業者のWILLER EXPRESSでは一時期全便運休を打ち出したが，再開に際して4列シート車にはシート間に大型の仕切り板を装着，既設のカノピーの使用と併せた安全対策を進めた

➡運転席周りへの透明ビニールシートの装着は早い時期から全国に波及した．観光タイプでは樹脂製の仕切り板も使われている．阪急バスの例

⬆事業者によっては抗菌・抗ウイルスに効果があるとされるコーティング剤を車内全体および内装材に噴霧することで，安全性を訴求するケースもある．全車に無光触媒コーティング剤を施工した東急バスの作業の様子【東急バス】

⬋感染症拡大に伴う運用面での事例から，群馬県のスター交通の「ご帰宅便」の使用車両．感染の可能性もある海外からの帰国者に対応し，成田・羽田の各国際空港からチャーター運行するもの．こうした取り組みを行う貸切事業者は複数あるが，同社は従来から民間救急事業も行い，日本での感染拡大の一つのきっかけとなったクルーズ船での感染者輸送を率先して行った実績がある．写真は乗客定員9人の豪華仕様を備える三菱ふそうローザスーパーロング【HK】

⬇アルピコ交通では松本〜新島々間の鉄道・上高地線での感染拡大を防止するねらいで，9月の1カ月間，貸切バスによる増便の実証運行を行った．鉄道25回に対してバスは12回運行され，1日計37回．バス1台の定員は30人とされた【Ya】

コロナ禍で運行休止や減便を余儀なくされる中，貸切事業者を中心に，車庫で待機中の車両を活用したイベントや，バスファン向けツアーが相次いで行われた

←はとバスは定期観光バス・貸切バスともほとんど稼働しない中，9月19〜22日の連休に，イベントを開催した．その目玉は観光車60台で作った「迷路」で，模型で計画した設計図どおりに多くのドライバーが参加して仕上げたもの．通路幅は80cmで，歩くにつれて方向感覚を失いそうになる前代未聞の迷路に来場者は圧倒された

←名阪近鉄旅行は7月，「名阪近鉄バスの3車庫めぐり」ツアーを行った．主力の貸切車の稼働がほぼゼロの状況の中，バスファンに名阪近鉄バスの車両ラインアップを楽しんでもらうのがねらい．コロナ禍により待機する自社車両を活用したツアーとして，マスコミからも注目された．写真は大垣営業所で創立90周年記念デザインの一般路線車などを見学する参加者達【Ya】

↓小湊鐵道は6月14日，「小湊鐵道バスも鉄道も!堪能ツアー」を実施した．乗り物ファン向けにバスと鉄道を組み合わせて移動するとともに，複数のバス営業所を訪問，また部品即売も行われるなど多彩な内容だった．写真は塩田営業所でのバス見学【AN】

➡国際線の運休と国内線の減便という事態に直面した東京空港交通では，8月から9月にかけて，遊休車両を活かした「リムジンバス探検隊」を成田事業所で行った．現地集合型のツアーで，空港内専用の拡幅ランプバス，車椅子利用者に対応するPBL（写真左手前）をはじめ，各種リムジンバスが勢揃いし，参加した家族連れやバスファンを楽しませた

P.9: Isuzu hybrid articulated bus of Tokyo BRT which started operations in October.
P.10〜13: Due to travel restrictions and ban on overseas travel owing to the spread of Covid-19, number of passengers taking buses decreased drastically. We reflect on the deserted bus terminals, various infectious disease countermeasures, as well as events and tours for the bus enthusiasts taking advantage of the buses not in operation.

⬅信南交通では11月21・22日，創業75周年を記念した「信南交通感謝デー」をイオン飯田で開催した．新旧車両や電気バスの展示，クイズ大会，バーチャルバスツアーなど多彩な内容だったが，コロナ禍におけるバスの安全性を訴求するため，車内にスモークを発生させて換気が終わるまでの時間を確認する換気実演（写真）も行われた【Ya】

遊休車両の活用だけでなく，GoToトラベルキャンペーンとも連動したバスファン向けツアーも各地で行われた
➡京阪京都交通は9月から10月にかけて，「ファン感謝ツアー」を催行した．写真は2020年度中に廃車となる「幕車」を使用した10月17日のコースで，2000年式の三菱ふそうMPと日野HUが登場した【AN】
➡JRバスグループ4社は12月5日，引退が進む国産2階建てバス・三菱ふそうエアロキングを使用した合同ツアー「王者降臨 KINGS SUMMIT in 京丹波」を実施した．西日本JRバスが企画の核となり，同社とJRバス関東・JR東海バスが各々地元発着のツアーを組んで西日本JRバス京都営業所に集合，ここで合流したJR四国バスの車両とともに，エアロキング6台，いすゞガーラ1台で最終目的地の京丹波営業所に移動した．写真は同所で勢揃いした4社のエアロキング．こうした合同ツアーはJRバス31年の歴史の中でも初めてと思われる【AN】

2019年5月にいすゞと日野から発売されたハイブリッド連節バスは，2020年から営業路線での稼働が始まった

←横浜市交通局は日野ブルーリボンハイブリッド連節バスを4台採用，7月23日から横浜駅—山下ふ頭間の新たな観光路線「BAYSIDE BLUE」で運行を開始した．コロナ禍により当初予定を延期しての開設だったが，国産ハイブリッド連節バスでは初の営業路線のタイトルを得た．海と空をイメージするマットブルーメタリットの外装が特徴で，内装には木目調床材など独自仕様が盛り込まれている【HA】

↓西鉄バス北九州は2019年7月に運行開始した小倉—黒崎間，小倉—戸畑間「拠点間BRT」にメルセデス・ベンツ　シターロGを4台増備し，8月から使用開始した．これにより同路線のシターロGは6台になった．なおシターロGはこのほか南海バスの関西空港シャトルバスにも1台増備された【TM】

↑JRバス関東は新白河駅—JR東日本総合研修センター間の送迎用特定車として，日野ブルーリボンハイブリッド連節バスを1台採用，6月から運行を開始した．在来のボルボ／富士重工連節バス（元京成バス）の一部置き換えで採用されたもの

↓三重交通は同社初の連節バスとして，いすゞエルガデュオを2台採用した．伊勢神宮参拝客に向けた伊勢市駅発着の「外宮内宮線」用で，愛称は「神都ライナー」．12月19日にプレ運行が開始され，2021年4月からは本格運行に移行する予定である

燃料電池（FC）バスのトヨタSORAは2020年，東京オリンピック・パラリンピック開催を踏まえて首都圏の事業者で採用が進んだ
↑2019年度までに38台を採用した東京都交通局は2020年度に32台を増備し，予定数の70台を揃えた
➡京王電鉄バスグループは6月，2台を採用し京王バス多摩営業所に配置した

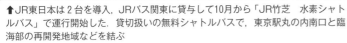

↑JR東日本は2台を導入，JRバス関東に貸与して10月から「JR竹芝　水素シャトルバス」で運行開始した．貸切扱いの無料シャトルバスで，東京駅丸の内南口と臨海部の再開発地域などを結ぶ
➡東武バスグループは1台を採用，東武バスウエスト新座営業事務所に配置して12月から運行開始した．写真は本格運行前に行われた燃料電池バスツアーで台場付近を行く【東武バス】

➡新常磐交通は1月，1台を採用し，いわき中央営業所に配置した．東北地方初のSORAである【新常磐交通】
➡➡東急バスは1台を目黒営業所に配置して，4月から運行開始した

➡京成バスは「東京BRT」に5台を採用し，10月からのプレ運行に投入した
➡➡西武バスは1台を採用し，所沢営業所に配置して12月から運行開始した．上掲の東武バスウエストと並ぶ，埼玉県のSORA第1陣である

国産電気バスの量産化は依然として聞こえてこないが，2020年は中国製を中心に，ニューフェースの話題がいくつかあった

←日本市場で実績を固めつつあるBYDが発売した小型車のJ6．全長6.99m×全幅2.06m×全高3.1mと，国産小型ノンステップバスのポンチョをベンチマークにしており，一充電航続距離は約200km．1号車は東京・上野動物園のモノレール代替シャトルバスで7月から走り出した．なおJ6は長崎県のハウステンボスでも12月から5台が運行している【TO】

↘富士急グループの富士急バスはBYD製の大型電気バスK9を3台採用，3月から富士山・富士五湖周辺の路線に投入した．CNGバスの後継的な位置づけで，一充電航続距離は約250kmである
↓埼玉県の協同バスはBYD K9を1台採用し，3月からスクールバスに使用している．なおK9は2020年，ほかに岩手県交通が1台，沖縄シップスエージェンシーが2台を増備したほか，ハウステンボスが5台を導入した

ディーゼルバスを電気バスに改造する事例は一時期よりも減りつつあるが，2020年は大型路線バスで2例が見られた
➡西日本鉄道は2013年式いすゞエルガ・長尺ノンステップ車を改造した電気バスを2月から運行開始した．駆動用モーターは230kW，バッテリーはリチウムイオンよりも使い勝手や充電効率に優れるとされる東芝のSCiB™を容量105.6kWh搭載している．一充電航続距離は約150kmである．改造は黒部ダムの電気バス改造などに実績を持つフラットフィールドのシステム設計を得て西鉄車体技術が担当した【TM】
↓横浜市交通局は2005年式いすゞエルガ・短尺ノンステップ車を改造した電気バスを10月から運行開始した．環境省の委託事業に基づき，熊本大学をはじめとする産官学連合が開発したもので，同プロジェクトによる改造バスは2017年度に九州産交で運行した事例に続く．日産リーフ用モーターを2個（計190kW），同じくバッテリーを4個（計160kWh）搭載し，一充電航続距離は約50kmである．改造はイズミ車体製作所

P14: Based on the 2020 Tokyo Olympic and Paralympic Games which were eventually postponed, the domestic hybrid articulated buses of Isuzu/Hino introduced in 2019 began operations in June. 8 units are currently registered.／P.15: Along with Tokyo Toei Bus which has increased the number in their fleet to 70 units leading up to the Tokyo Olympic and Paralympic Games, the use of Toyota SORA FCV buses has spread to private bus operators in the Tokyo metropolitan area as well.／P16〜P17: The line-up of electric buses has been enhanced by Chinese manufacturers. Along with increasing the number of registered buses of their K9 large-size buses, BYD also introduced their J6 medium-size bus for the Japanese market. The first unit of Alfabus Ecity which had been introduced in 2019 has been registered. Of the Asiastar EV buses manufactured by Yangzhou, Ono Engineering has introduced 3 city bus models and a conventional medium-size bus to the domestic market. There have also been two examples of EV buses that were converted from diesel buses.

年鑑バスラマ2019→2020でデビューが予告された オノエンスターEVが，オノエンジニアリングより発売された．中国・揚州亜星製のアジアスター電気バスを日本向けにしたもので，10.5m車，大型車幅9m車，7m車の3車型が用意されるが，7m車の全幅は中型車に近く，車内空間は国産の7m車に対してゆとりがある．バッテリーはいずれも国際市場で実績の高いCATL製リチウムイオンを搭載する．右は10.5m車で一充電航続距離は約300km．下は7m車で一充電航続距離は約200km．前扉のみの仕様にも対応できる

➡オノエンジニアリングではオノエンスターEVの発売に先駆け，アジアスターのボンネット型電気バス2台を埼玉県のイーグルバスに納入した．同社では川越市内の「小江戸巡回バス」に使用してきた国産小型ボンネットバスの経年化に伴い導入したもので，全長7.54m，ボンネットのスタイルは同社オリジナル．6月に運行開始した

右下カコミ：ぽると出版では「2020バステクフォーラム」開催前日の7月9日，オノエンスターEVとアルファバスECITYによる「電気バス勉強会」を，大阪バス協会の協力を得て阪急阪神エムテック尼崎工場で開催した．近畿圏の事業者が参集し，これまで未知の領域だった電気バスの構造や運転性などを確かめた

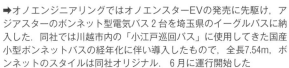

🔻時速19km/h以下の公共交通機関として注目されるグリーンスローモビリティが3月，沼津駅－沼津港間に登場した．車両は定員21人の小型電気バス・シンクトゥギャザーeCOM-10で，伊豆箱根バスにより1日6回運行している
🔻2019年にアルファバスジャパンから発売された大型電気バス・ECITY L10の市販1号車が四国電力の自家用として12月から使用開始された．同社坂出発電所の社員送迎と，EVの充放電制御にかかわる技術実証への供試を兼ねている【四国電力】

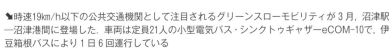

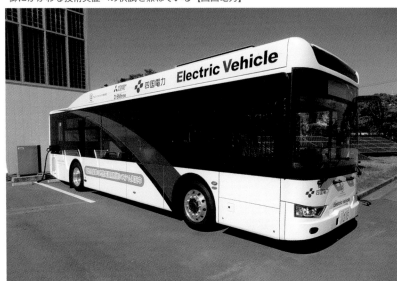

ドライバー不足などを踏まえて実用化が期待される自動運転は，コロナ禍の中でも様々なトライアルが進められるとともに，電動小型バスによる営業運行も開始された

←全日本空輸（ANA）は1月，羽田空港内でBYD製大型電気バスによる自動運転の実証実験を行った．旅客輸送や従業員輸送などの地上支援業務（グランドハンドリング）の省力化・自動化をねらったもので，それまで2回行われた小型バスによる自動運転の実証実験の結果を踏まえるとともに，車両の大型化を図ったもの．自動運転のレベルは基本的にシステムが行い，必要に応じてドライバーが補佐する「レベル3」であった

✒相鉄バスと群馬大学は10月，横浜市内で大型路線バスによる自動運転の実証実験を行った．2019年に行った実証実験と同じく，日野ブルーリボンハイブリッドをベースに各種カメラやセンサーなどを加えた実験車両を使用し，自動運転レベルも部分自動運転化＝レベル2だが，今回は遠隔操作を基本に，ドライバーは運転席に座らず，立ってホイールパークのレバーに手をかけて緊急時への対応のみ行った

↓7月から国交省と経産省を事業主体に，中型路線バスによる自動運転の実証実験が開始された．車両はいすゞと先進モビリティが改造したエルガミオが2台で，京阪バス・大津市，神姫バス・三田市，茨城交通などで実験が進んでいる．写真は9〜11月に行われた西日本鉄道での実証実験【TM】

自動運転を前提に開発されたフランス製の11人乗り電動小型バス，ナヴィヤ・アルマによる自動運転が本格的にスタートした．同車の販売会社はマクニカ，自動運転のプラットホームはいずれもBOLDLY製である

↓東京・羽田のHICity構内では9月，巡回バスとして定期運行が始まった

✒茨城県境町で11月，ナヴィヤ・アルマ3台による定期運行がスタートした．自治体による自動運転バスの公道における定時・定路線運行は初である【マクニカ】

P18: Even during the Covid-19 pandemic, trial of autonomous vehicles have been ongoing, with vehicles tending to become larger. Scheduled operations of a route on public roads utilizing Navya Arma manufactured in France has also started. (below)

P.19: Scania/Van Hool Astromega manufactured in Belgium has increased by 25 units this past year. For the first time, the 4 operators of JR Bus Group have taken delivery of vehicles with overnight layouts with 3 abreast seating which they had developed.

P20〜P21: Due to the Covid-19 pandemic, topics related to chartered buses had been minimal, but Nara Kotsu completed their "Four Gods Series" of special vehicles. Porte Publishing held Bus Tech, the experience type bus event, at Osaka and Saitama with infectious disease countermeasures attracting attention. Also shown are sightseeing routes and tours utilizing double decker buses, etc.

2階建てバス唯一の選択肢であるスカニア／
バンホールアストロメガTDX24は都市間路
線，特にJRバスグループでの導入が目立っ
た．なおアストロメガの2020年の登録台数は
25台で，総稼働台数は50台となった
↑アストロメガはこれまで1・2階とも4列
シートだったが，JRバスグループは2020年，
2階席を独立3列・29席とした夜行仕様を導
入した．シートの構造はゆりかご状にリクラ
イニングするクレイドルシートである
➡JRバス関東の夜行仕様車

↑西日本JRバスの夜行仕様車．2020バステクフォーラ
ムで

↑JR四国バスではアストロメガを初採用，7月から高松―京阪神間で稼働を開始した．台数は3台，仕様
は関東・西日本と共通の2階席3列・クレイドルシート仕様で，乗客定員は2階29人，1階10人である
【Sk】
なおJRバスグループのアストロメガはほかにJR東海バスでも3台を初採用した．クレイドルシートの夜
行仕様で，名古屋―東京間の昼行・夜行に使用されている

中央高速バスを運行する2社でもアストロメガを初採用
した
↑富士急グループのフジエクスプレスは2台を採用，11
月から新宿―富士五湖間で運行開始した
➡京王電鉄バスは2台を導入し，4月から新宿―富士五
湖間で運行を開始した【HA】

ぽると出版は体験型バスイベント「2020バステクフォーラム」を7月10日に大阪・舞洲で，同じく「第6回バステクin首都圏」を10月30日に埼玉スタジアム2002で開催した．前者は電気バス3車を含めた最新鋭車など，後者では新型コロナウイルスの感染症対策を施した車両や対策用品が数多く出品され，いずれもバス事業者・関係者の高い関心を集めた．写真は総参加者数730人を得た「第6回バステクin首都圏」の会場

↑2020年12月23日から沖縄本島北部の今帰仁村と沖縄都市モノレールを連携した高速バスが運行を始め，やんばる急行初の2階建てバスが就役している．やんばる急行は北部の今帰仁村と那覇市内を経由して那覇空港を結ぶ路線バス10便を運行しているが，2019年10月に開業した「てだこ浦西駅」でモノレールに乗り換えることで，那覇市内の渋滞の影響を受けずに市内や空港までの定時性をねらう．新たに運行を始めたのは今帰仁村役場とモノレールの終点・てだこ浦西駅（2019年10月1日に延長開業）間を往復する2便．所要時間は2時間4分である．使用車両はJRバスから移籍した2階席独立シート車2台で，一般車両が就役することもある．沖縄MaaSにも参加しており，クレジットカードによる運賃支払いも可能である

↑2020年はコロナ禍により貸切バスの話題は非常に少なかったが，奈良交通では2019年から導入してきた企画旅行向けの特別車「四神シリーズ」を完成させた．2019年の「朱雀」（赤）に続いて2020年春に「青龍」（青），秋に「玄武」（濃紫）と「白虎」（白）を追加した．左ページ車内は左から青龍・玄武・白虎で，いずれも4列・大型化粧室付．車種はいすゞガーラSHDである．ちなみに「四神」とは明日香村キトラ古墳の壁画に描かれた四方の方角を司る神のこと

➡日の丸自動車興業が2019年に採用したスペインのUNVI（ウンヴィ）製オープントップバスが，2020年は京都にも登場した．日の丸自動車系の明星観光バスが運行するSKY BUS京都の新形態として，途中停留所での乗降自由な「SKY HOP BUS」の専用車に2台配置したもの．写真は京都タワーを背にしたハーフルーフタイプ

⬇十和田市の星野リゾート奥入瀬渓流ホテルは8～10月，奥入瀬渓流をオープントップバスで巡るツアーを，ホテル宿泊者などを対象に開催した．車両は日の丸自動車興業からリースされたネオプランで，十和田観光電鉄が運行を担当した【AN】

観光地に華を添えるオリジナルスタイルのバスは，2020年は数こそ限られたが，特徴的な車両がいくつか見られた

←東海バスは2014年から熱海市内で運行している「湯～遊～バス」に新車両「彩」を増備した．ベースは中型の日野レインボーで，外観はハーフキャブ風のフロント，リヤデッキなどが特徴．後方は天井部を段上げしている．内装は和洋を融合させた和モダンな建物をイメージし豪華な仕上がりとなっている．改造は岩戸工業

↖濃飛乗合自動車は観光路線と生活路線の要素を組み合わせた「匠バス」などに，日野ポンチョ・ロングをベースにしたオリジナルスタイルの小型バス３台を投入した．１台ずつデザインが異なるとともに，車内は前方に横向きシート，段上げした後方に前向きシートを配している【Ya】

↓福島交通は９月，NHKの朝ドラ『エール』のモデルとなった福島市生まれの作曲家・古関裕而氏ゆかりの地を巡る循環バス「メロディバス」を運行開始した．専用車は日野ポンチョ・ロングをベースにヴィ・クルーが二次架装したもので，「移動音楽館」がコンセプトである【AN】

ジェイ・バス宇都宮工場は大型路線バスをベースにしたオリジナルバス「ファン！バス」を完成させた．2019年に同社小松工場が完成させた中型VIPバスに続く提案型モデルである．いすゞエルガ短尺車をベースに，中扉から後方の段上げ部は330mm，ルーフ部は400mm，各々嵩上げするとともに，側天窓を設けている．ジェイ・バスではバスメーカーが完成するオリジナルスタイルバスとして，観光路線などへの採用を期待している

2020年は大手事業者でのデザインの一新がいくつか見られたほか，ここ数年の傾向でもある復刻デザイン車，「〇周年」記念デザイン車などが全国で生まれた

➡西武バスは一般路線車の外装デザインを67年ぶりに一新，5月稼働開始の新車から採用した．同社の外装は1953年採用の「笹の葉」デザインが広く知られているが，新デザインは「S-tory」のネーミングのもと，東西に走る鉄道各線をバス路線が南北に結ぶ同社の特徴をクロスデザインで表現している．このデザインは内装のシート表皮にも採用された．写真は導入第1陣の一台，三菱ふそうエアロスターノンステップ短尺車

⬉大阪シティバスは一般路線車に新デザインを採用し，11月から運行開始した．従来のデザインは1979年，大阪市交通局の時代に採用され，以来41年が経過していた．2019年には新デザインへの試案が3種類採用されたが，今回の本格採用ではそれらと異なるデザインとなった．新デザインは従来のグリーンを継承しつつ，大阪の海をイメージするブルーも加え，白とともにグラデーションで結んでいる．写真は運行開始した新デザインの新車，いすゞエルガ短尺車【Sz】

⬇2020年2月に創業100周年を迎えた西肥自動車が採用した記念ラッピングバス．福岡線用の三菱ふそうエアロエース【TM】
⬇⬇アルピコ交通が松本電気鉄道の前身・筑摩鉄道からの創立100周年を記念して7月に採用した記念ラッピングバスの日野セレガ【Ya】

⬈芸陽バスは2021年1月の創立90周年を記念し，復刻デザインの新車を9月から運行開始した．1960年代の先々代デザインがモチーフで，日野のウイングマークや，Hゴム支持のスタンディウインドーを再現するなど凝った仕上がり．車種は日野ブルーリボン短尺車

➡箱根登山バスは秋に導入した安全運転訓練車に先代のデザインを復刻して塗装，沿線からも注目を集めている．ベースは2010年式三菱ふそうエアロスターワンステップで，改造は東急テクノシステム．デジタル式燃費計などの新機材も採用された

P22〜P23: The buses with original styling, new designs, and resurrected liveries that were newly introduced in 2020.

私たちは、
三菱ふそうバスの
生産
架装に
携わっています。

三菱ふそうバス製造様

架装部工場
事務所

事業所所在地図

mbms本工場

本事務所

■架装部事務所・工場

■本事務所・業務部工場(後方)

http://mbms.info

株式会社 エムビーエムサービス
〒939-2757 富山市婦中町道場32番地の5

TEL 076-466-4030
FAX 076-466-4055

国内バスカタログ 2020→2021

Domestic Bus Catalog 2020→2021

　本項では2021年1月10日現在，日本国内で販売中，あるいは販売が予定されるバスについて，外観，図面，諸元，さらにセグメントごとの位置づけや特徴などを紹介する。

　従来の国産バスは注文生産の性格が強かったが，近年は生産効率の向上によるコストダウンの希求，ノンステップバス標準仕様の策定などもあり，路線系は仕様の標準化が進んでいる。観光系（貸切・高速車）もメーカー標準仕様車をラインアップに加え，メーカーが設定したパターンから選択するセミオーダーメイド形式が増えている。ここではメーカーが販売する標準的な仕様を中心に紹介する。今回掲載するバスは国産車15シリーズ，輸入車12車型である。

2020年の国産バス動向—高度なOBDへの対応

　2019年9月1日に，GVW3.5トン超・7.5トン以下のディーゼルバス（継続生産車）に対して平成28年排出ガス規制が施行された。これに伴い，現在販売されるすべての国産ディーゼルバスは平成28年排出ガス規制に適合している。

　一方，GVW3.5トン超の国産ディーゼル車に対しては排出ガス性能の維持などを目的に，それまでの車載式故障診断装置（J-OBD-Ⅰ）よりも高度な，排出ガス低減装置等に対する車載式故障診断装置＝「高度なOBD」（On-board diagnostics, J-OBD-Ⅱ）の装備が義務付けられた。この高度なOBDとはDPF，SCR，酸化触媒，EGR，NO_x吸蔵還元触媒，吸気過給などの各機能の性能監視，故障監視などを行うものである。「高度なOBD」の装備施行はバスの継続生産車の場合，GVW7.5トン超が2019年9月1日以降，同3.5トン超・7.5トン以下が2021年9月1日である。このためGVW7.5トンを超える中型バス・大型バスおよび一部の小型バスは既に「高度なOBD」を装備しているが，GVW3.5トン超・7.5トン以下の小型バスでも2020年中に装備を図った車種がある。

2020年の国産バス動向—車型追加など

　2019年に平成28年排出ガス規制への対応が一段落したことで，2020年の国産バスは動きが少なかった。

　いすゞと日野は6月に，路線車に2つの改良を加えて発売した。1つめは中型路線車いすゞエルガミオ／日野レインボーへのトルコン式ATの搭載である。これらのシリーズは2016年のフルモデルチェンジに際して，それまでのMTとトルコン式ATの2本立てから，いすゞ製の6速AMTに集約した経緯がある。今回はトルコン式AT

への根強いニーズを受けて再設定したもので，ATは先代のアイシン製5速から，大型路線車と同じアリソン製6速となった。2つめは，大型路線車いすゞエルガ／日野ブルーリボンのAT車の燃費改善である。これはエンジンの再始動時に，アイドリングストップ＆スタートシステムが有効な設定になる「モメンタリースイッチ」の採用によるもので，GVW14トン以下で平成27年度燃費基準を達成，同14トン超では同燃費基準＋10%を達成した。これに伴いAT車は型式における排出ガス規制記号が変更された。またこれらの改良と併せて，日野ブルーリボンハイブリッド／いすゞエルガハイブリッドでは，既にディーゼル各車に装備されているドライバー異常時対応システムEDSSを標準装備した。

　トヨタと日野は5月，トヨタコースター／日野リエッセⅡに最上級グレード「プレミアムキャビン」を追加した。定員21人または20人（冷蔵庫付）の後部観音扉付で，上質感あるシート表皮，カーペット，USBポート，ラゲッジスペースなどを備え，少人数向け貸切バスにも適した仕様としている。なおコースター／リエッセⅡは2021年1月にも一部の仕様変更があり，これまで幼児車以外に展開してきた衝突被害軽減ブレーキ，車線逸脱警報などの各種安全装備を幼児車にも装備するとともに，全車に「高度なOBD」を装備した。

　車型の追加・改良以外では，2019年5月に発売された国産ハイブリッド連節バス・いすゞエルガデュオ／日野ブルーリボンハイブリッド連節バスが事業者に納入され，6月から営業運行を開始したことも話題といえる。2020年12月時点の稼働台数は，いすゞが三重交通・京成バス（東京BRT）計3台，日野が横浜市交通局・JRバス関東計5台である。また環境対策の旗手として注目されている燃料電池バスのトヨタSORAは，東京オリンピック・パラリンピックの開催を踏まえて採用を続けてきた東京都交通局が当初予定の70台まで増備したほか，首都圏・東北などの民間事業者でも採用が相次いだ。

　このほか新型コロナウイルスCOVID-19による感染症拡大に対応し，新車・使用過程車に向けた感染症予防用品が車両メーカーや用品メーカーなどから相次いで発売された。これらは飛沫防止カーテン，同・樹脂パネル，雨天時の窓開けを容易にするウインドバイザー，抗菌・抗ウイルスに効果のある機材などである。

2020年の輸入バス動向

　既存の輸入バスのうち，2階建てバスのスカニア／バンホールア

横浜市交通局が観光路線用に4台を導入した日野ブルーリボンハイブリッド連節バス. 実際の運行は7月23日からとなった

ストロメガは, 主要ユーザーのJRバスグループが新たに2階席独立3列シートの夜行路線仕様を導入した. 従来から同車を使用してきたJRバス関東, 西日本JRバスに加えて, JR東海バス, JR四国バスも新規に夜行路線仕様で採用し, 既存の国産2階建てバスの代替を進めた. また4列シート車ははとバスなどが貸切用に導入したほか, 京王電鉄バス・フジエクスプレスが中央高速バス用に初導入するなど, 2020年の1年間だけで2016年の発売から2019年までの累計と同じ25台が登録された. 一方, これまでスカニアジャパンが取り扱ってきたスカニア／ボルグレン連節バス, 同フルフラットバスは, ベースシャーシーの中止に伴い販売ラインアップから外れた.

三菱ふそうが販売する連節バス, メルセデス・ベンツ シターロGは, 国産連節バスに対して収容力の高さを評価する事業者などで増備が見られた.

輸入電気バスでは発売から5年の実績を誇る中国BYDが数を増やした. 従来モデルのうち12mシティバスK9は富士山周辺の環境保護を目的に3台を導入した富士急バスをはじめ, スクールバスやテーマパークのシャトルバスに採用されるとともに, 自動運転の実証実験にも起用された. また2019年に予告された7mシティバスJ6が7月に発売された. 日野ポンチョを範にしたサイズの日本専用モデルで, 一充電航続距離は200km. 2020年12月現在, 自家用を主体に6台が登録されている. なお販売会社のBYDジャパンは, 10.5mシティバスの2021年発売を予告している.

アルファバスジャパンが2019年に発売した10.5mシティバスE CITY L10は, 市販1号車が四国電力に採用された.

オノエンジニアリングは揚州亜星製アジアスター電気バスを日本向けにしたオノエンスターEVを発売した. 10.5m, 大型車幅9m, 7mのシティバス3車型で, このうち7m車は中型車に近い全幅を持つ点も特徴である. なおオノエンジニアリングはこれらの発売に先駆け, ワンステップ構造のアジアスター・ボンネット型電気バスを輸入・二次架装し, イーグルバスに納入した.

バスに関する規制・基準など

1）平成28年排出ガス規制

ディーゼルバス全車が規制対応済である.

2）強化型衝突被害軽減ブレーキの装着

既に観光系の大型バスに標準装着されている衝突被害軽減ブレーキは, 減速性能などをより強化させた強化型の装着が義務化されつつある. GVW12トン超のバスは新型車で2017年11月1日から, 継続生産車で2019年11月1日から, GVW12トン以下のバスは新型車が2019年11月1日から, 継続生産車では2021年11月1日から装着が義務化される. 強化型衝突被害軽減ブレーキの装着は高速道路を走行するすべてのバスが対象である.

3）車両安定性制御装置, 車線逸脱警報装置の装着

走行中に危険回避などのため急なハンドル操作をしたり, 路面状況の変化などで車両姿勢が不安定になった場合, 横滑りや転覆を防止する「車両安定性制御装置」（ESC）, 車線逸脱した際にドライバーに警告する「車線逸脱警報装置」の装着が, 各々2021年11月までに段階的に義務化されつつある.

4）排出ガス規制の適用を受けないバス

電気バスや燃料電池バスなど排出ガス規制の適用を受けないバスに関する排出ガス識別記号が設定されている.（別表）

現行市販バスの排出ガス規制の識別記号

区分	名称	1桁目	
		低排出ガス認定	識別記号
平成28年規制		無	2

2桁目		
燃料	ハイブリッドの有無（重量車燃費基準達成または適用状況）	識別記号
ガソリン・LPG	有	A
	無	B
軽油	有	C
	無	D
	有（達成・重量車）	J
	無（達成・重量車）	K
	有（5％達成・重量車）	N
	無（5％達成・重量車）	P
	有（10％達成・重量車）	Q
	無（10％達成・重量車）	R
	有（15％達成・重量車）	S
	無（15％達成・重量車）	T
CNG	有	E
	無	F
メタノール	有	G
	無	H
ガソリン・電気／LPG・電気	有	L
軽油・電気	有	M
その他	有	Y
	無	Z

3桁目		
用途	重量条件等	識別記号
乗合, 貨物	軽自動車	D
	GVW1.7トン以下	E
	GVW1.7トン超, 3.5トン以下	F
	GVW3.5トン超	G

排出ガス規制識別記号が「2TG-」の場合, 平成28年排出ガス規制適合で, かつ平成27年度重量車燃費基準＋15％を達成した, GVW3.5トン超のディーゼル車（ハイブリッドなし）を示す

In this year's Domestic Bus Catalog, we introduce 15 domestic bus series and 12 imported models. Domestic diesel vehicles had passed the 2016 emission regulations by 2019, so there were no major changes in 2020, with only few minor changes on several models. Operation of domestic articulated bus introduced in 2019 started in June, with 8 units having been registered at the present. The number of Toyota SORA FCV has increased to approximately 90 units. Of the imported buses, the overnight layout has been added to Scania/Van Hool. With 25 units being registered during the year, the total number has become 50 units. Newly introduced Chinese electric buses include BYD 7m bus J6 with Japanese layout as well as Yangzhou Asiastar with Japanese layouts which are offered as 3 models of Onoen Star EV.

平成28年排出ガス規制の内容

規制物質	平成28年(2016年)規制	
	試験モード	規制値(g/kWh)
一酸化炭素(CO)	WHDC	2.22(2.95)
非メタン炭化水素(NMHC)		0.17(0.23)
窒素酸化物(NOx)		0.4(0.7)
粒子状物質(PM)		0.010(0.013)

● 規制値欄のカッコ外は平均値，カッコ内は上限値
● 平成28年規制から試験サイクル外（オフサイクル）の排出ガス性能維持のため，国連の場で策定された世界統一基準OCEによる測定方法と規制値を導入している

5）輸入車への排出ガス規制の適用

バスの輸入車は国産車に準じた排出ガス規制が適用されている。この基準では型式認定を受けた車型，公的機関の排出ガス試験で規制値を個々にクリアした車両のほか，国内の基準に準じた環境性能を備えると認められた車両ならば販売・運行できる。現在，輸入バスで型式認定を受けているのはヒュンダイ・ユニバース1車種。これ以外の連節バス，2階建てバスは現行のユーロⅥ規制に適合しており，国内基準と同等の環境性能を備えると見なされている。

6）重量車の燃費基準

国土交通省と経済産業省はCO_2の排出削減・省エネルギーを目的に，GVW3.5トン超のディーゼルバス・トラックを対象に「重量車燃費基準」を策定しており，平成28年度排出ガス規制に適合した現行車の多くは平成27(2015)年度重量車燃費基準を達成している。バスの場合，GVW14トン超の路線車の目標値は4.23km/ℓ，同16トン

排出ガス規制の適用を受けない大型車の識別記号

1桁目		2桁目		3桁目	
識別記号		種別	識別記号	用途	識別記号
Z		電気	A	貨物	B
		燃料電池（圧縮水素）	B	乗合	C

超の観光車・高速車の目標値は3.57km/ℓである。

これに対してさらなるCO_2削減・省エネ化を進めるため，2019年3月に新たな重量車燃費基準が公布された。新基準の目標年度は2025年度で，バスの目標値は6.52km/ℓと大幅な基準強化がなされている。

販売車型の動向

今回掲載したバスは前年版に対して次のような動向が見られた。
〔新型車〕
○BYD電気バス J6／K8
○オノエンスターEV（3車型，正式発売）
〔改良，車型追加など〕
○トヨタコースター／日野リエッセⅡ
○いすゞエルガミオ／日野レインボー
○いすゞエルガ／日野ブルーリボン（各AT車）
○日野ブルーリボンハイブリッド／いすゞエルガハイブリッド
〔中止〕
○スカニア／ボルグレン連節バス
○スカニア／ボルグレン フルフラットバス

Specification（Example）諸元表の例

Model	車 名		いすゞエルガミオ(LR)
Type	型 式		2KG-LR290J4
Grade or Body type	仕 様		ノンステップ・都市型
Door arrangement	扉 位 置		前中扉
Capacity	乗車定員	(人)	61
Overall length (mm)	全 長	(mm)	8,990
Overall width (mm)	全 幅	(mm)	2,300
Overall height (mm)	全 高	(mm)	3,045
Wheelbase (mm)	ホイールベース	(mm)	4,400
Track width : front/rear (mm)	トレッド(前／後)	(mm)	1,945/1,695
Ground clearance (mm)	最低地上高	(mm)	125
Interior length (mm)	室内寸法(長)	(mm)	8,070
Interior width (mm)	〃 (幅)	(mm)	2,135
Interior height (mm)	〃 (高)	(mm)	2,405
Vehicle weight (kg)	車両重量	(kg)	7,970
GVW (kg)	車両総重量	(kg)	11,325
Min.turnning radius (m)	最小回転半径	(m)	7.6
Engine type	エンジン仕様		直4・TI付
Engine model	エンジン型式		4HK1-TCS
Displacement (cc)	総排気量	(cc)	5,193
Max.output in kW/rpm	最高出力	(kW/rpm)	154(210PS)/2,400
Max.torque in N・m/rpm	最大トルク	(N・m/rpm)	706(72kgf・m)/1,400～1,600
Gear ratio ①/②	変 速 比 ①/②		6.615/4.095
③/④	③/④		2.358/1.531
⑤/⑥	⑤/⑥		1.000/0.722
Final gear ratio	終減速比		5.571
Fuel consumption (km/ℓ)	重量車モード燃費 (km/ℓ)		6.00
Steering type	ステアリング型式		インテグラル式パワーステアリング付
Suspension/front	サスペンション型式(前)		車軸式空気ばね
Suspension/rear	〃 (後)		車軸式空気ばね
Service brake	主ブレーキ		空気式
Auxiliary brake	補助ブレーキ		排気ブレーキ
Tire size	タイヤサイズ		245/70R19.5 136/134J
Fuel tank capacity	燃料タンク容量 (ℓ)		130

国内バスカタログの読み方

○本項は2021年1月10日現在，日本で販売されている，あるいは近々に発売が予定されるバスについて，小型車，中型車，大型車（路線バス，観光バス）の順に掲載した。
○OEM供給車はベース車型に包括し，統合モデルも1項目にまとめた。
○型式が多岐にわたるものや複雑なものは，型式一覧表を併載した。
○車種・車型によっては，仕様等を分類するための識別記号が型式に付されている場合があるが，本項では識別記号は省略した。
○エンジン出力・トルクはネット（車載状態）での測定値。またエンジンは特記以外ディーゼルである。
○本文の表記と諸元表における表記は一部異なる場合がある（例：エアサス→空気ばね）。
○「高度なOBD」は「高度OBD」と略した。
○AT：オートマチックトランスミッション，AMT：オートメーテッドマニュアルトランスミッション，MT：マニュアルトランスミッション，TI：ターボインタークーラー，OP：オプションの略。
○国産バスのボデー製造事業者は次のとおり（OEM車型を除く）。
日野自動車・いすゞ自動車：ジェイ・バス
三菱ふそう：三菱ふそうバス製造（MFBM）
日産自動車：日産車体，オートワークス京都
トヨタ自動車：小型車はトヨタ車体（子会社の岐阜車体工業を含む），大型車はジェイ・バス
○販売価格例は特記外，10%税込価格である。
○各写真は解説の末尾に撮影者のイニシャル（104ページ参照）を記載した。それ以外の写真はメーカー・販売会社提供または編集部撮影。

[出力・トルクの換算]
● 出力：1PS＝0.735499kW
例：240PS×0.735499＝176.51976＝177kW
● トルク：1 kgf・m＝9.80665N・m
例：75kgf・m×9.80665＝735.49875＝735N・m

日産NV350キャラバン マイクロバス／いすゞコモマイクロバス

Nissan NV350 Caravan Microbus: 14 passenger small-size bus being offered in the NV350 Caravan commercial van series. Both gasoline and diesel engines are available, with 4WD variant being added in 2017. Specifications: ■

日産NV350キャラバン マイクロバスGX

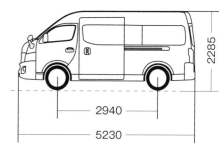

2285
2940
5230

NV350キャラバン マイクロバスは，2012年に発売されたワンボックス商用車・NV350キャラバンにラインアップするバスで，キャラバン マイクロバスの5代目にあたる。全長5.23m・全幅1.88mのスーパーロングボデー・ハイルーフをベースに，5列・14席のシートを装備する。開口幅1,580mmのスライドドア，座面幅905mmのシートなどによる優れた乗降性・居住性も特徴である。駆動方式は2WDと4WDがある。搭載エンジンは排気量2.5ℓ・108kW（147PS）のQR25DE型ガソリンと，同2.5ℓ・95kW（129PS）のYD25DDTi型ディーゼル（2WDのみ）で，各々5速ATを組み合わせる。グレードはGXとDXの2種類。2017年にLEDヘッドランプ・テールランプ，自動ブレーキ，移動物検知機能付インテリジェントアラウンドビューモニターなどを設定，さらに2020年には感染症対策の「仕切りカーテン」を，販売店扱いの用品として用意した。いすゞ自動車には「コモ マイクロバス」としてOEM供給されている。製造は日産車体。【販売価格例＝NV350キャラバン マイクロバスDXディーゼル：345万7,300円】諸元表番号は■

トヨタハイエース コミューター

Toyota HiAce Commuter: The 14 passenger small-size bus which is a member of Toyota HiAce commercial vehicle series. Both diesel and gasoline engines are offered, with 2WD and 4WD variants. All of the models are equipped with automatic transmissions. spec.: ■

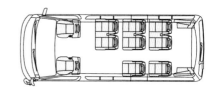

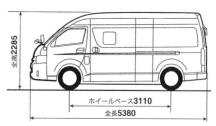

全高2285
ホイールベース3110
全長5380

トヨタハイエース コミューター（八百津町／新太田タクシー，Ya）

ハイエースコミューターはワンボックス商用車・ハイエースのバスバージョンで，現行モデルは2005年発売の5代目である。全長5.38mのボデーは，スーパーロングバン・ワイドボデーと共用する。定員は14人で，最後列4席は両サイドに2席ずつ跳ね上げて荷物スペースにできるスペースアップシートである。

駆動方式は2WD（ガソリン，ディーゼル）と4WD（ガソリン）で，ガソリンエンジンは排気量2.7ℓ・118kW（160PS）の2TR-FE型，ディーゼルエンジンは同2.8ℓ・111kW（151PS）の1GD-FTV型を搭載，各々6速ATを組み合わせる。安全装備では衝突被害軽減ブレーキPCSなどを標準装備するとともに，2020年5月にはアクセル踏み間違い時の衝突被害軽減装置や，俯瞰映像をナビ画面に映すパノラミックビューモニターなどをオプション設定した。製造はトヨタ車体である。【販売価格例＝ハイエースコミューター・DXディーゼル：369万6,000円】諸元表番号は■

日産シビリアン／いすゞジャーニー

Nissan Civilian/Isuzu Journey: Civilian, Nissan's front engine small-size bus introduced in 1971, with the present model introduced in 1999 being the third generation of the series. The model is also being offered by Isuzu as Journey. 2 overall length variants are offered. The gasoline engine producing 127kW. spec.: **3**

日産シビリアン　ロングボデーGL
ABG-DJW41
シビリアンの最上級グレード．いすゞ
ジャーニーのグレード名はカスタム

シビリアンは1971年，それまでのエコーを継承してデビューした小型バスである。1999年にハイルーフを標準とした現行の3代目となった。1993年からはいすゞ自動車にジャーニーとしてOEM供給されるほか，世界各国へ輸出される国際車である。

シビリアン／ジャーニーともボデーは全長6.99mのロングと同6.27mの標準の2種類。エンジンは2011年7月以降ディーゼルを中断し，直6・排気量4.5ℓのTB45E型ガソリン（127kW＝173PS）のみとなっている。トランスミッションは4速ATまたは5速MT，サスペンションはエアサス（リーフ併用）またはリーフサスである。

グレードはシビリアンが上からGL／SV／SXと幼児車，ジャーニーが上からカスタム／デラックスG／デラックスEと幼児車の各4種類である。安全面では車両周囲を上方から俯瞰する安全装置アラウンドビューモニターをオプション設定するとともに，ABSを全車標準装備する。

特装車への対応性の高さもシビリアンの特徴で，車椅子用リフト

を備えた「ハートフルサルーン」（いすゞは「フレンドリージャーニー」）のほか，移動図書館車，放送中継車など様々な実績がある。製造並びに特装車への改造は日産車体の子会社・オートワークス京都が行う。

【販売価格例＝シビリアンGLロングボデー・エアサス・4速AT：775万2,800円，シビリアン幼児車・標準ボデー・4速AT・大人3人＋幼児39人乗り：539万円】諸元表番号は**3**

日産シビリアン（3代目）／いすゞジャーニーの略歴

1999.2	3代目"シビリアン"発売．平成10年規制適合車《KK-》
2003.1	CNG車を追加（現在中止）
2004.3	ガソリン車を追加．ディーゼル車のエンジンを三菱ふそう製に変更し平成15年規制に適合《ガソリン：UD-，ディーゼル：PA-》（三菱ふそう製エンジン搭載は2008年まで）
2004	いすゞジャーニー，ガソリン車に集約《UD-》
2005.12	灯火器保安基準改正に対応
2007.8	ガソリン車，平成17年規制に適合《ABG-》
2008.6	シビリアンディーゼル車，平成17年規制に適合《PDG-》．（ジャーニーは同年9月）
2011.7	再度ガソリン車に集約
2012.7	新保安基準に対応，一部グレードを廃止

シビリアン型式一覧（ジャーニーは型式の頭にSを付加．例：ABG-SDJW41）

	ロングボデー	標準ボデー
ガソリン・エアサス(リーフ併用)	ABG-DJW41	
ガソリン・リーフサス	ABG-DHW41	ABG-DVW41

シビリアン／ジャーニー　ロングボデー

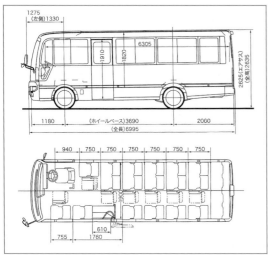

いすゞジャーニー　標準ボデー　デラックスE　ABG-SDVW41

三菱ふそうローザ

Mitsubishi Fuso Rosa: The small-size bus that debuted in 1997 is the 5th generation of the model that was the first introduced in 1960. Based on the body with the overall length of 7m, 3 body lengths including 6.5m and 7.7m are being offered. After receiving a completely new front mask the previous year, Rosa passed the 2016 emission regulations in 2019 as well as receiving various refinements. The drive systems are 2WD and 4WD, the only model of its class. The present engine manufactured by FPT produces 129kW and 110kW, and is combined with either 6-speed AMT.

三菱ふそうローザ　ロングボデー
プレミアム（パッケージオプション）
2RG-BE740G

ローザは1960年にデビューした小型バスで，現行モデルは1997年登場の5代目にあたる。全長6.99mのロングボデー，6.245mのショートボデーのほか，1998年に追加された7m超ボデー車・スーパーロング（全長7.73m）を設定する。駆動方式は2WDおよび，フルタイム方式を採用するクラス唯一の4WD（ロングボデーのみ）がある。

2018年には5代目登場以来の大幅なフェイスリフトにより，ヘッドランプを丸型4灯式から異形2灯式に変更した。さらに2019年には平成28年規制に適合するとともに，総輪ディスクブレーキ，衝突被害軽減ブレーキAEBS，車両安定性制御装置EPS，車線逸脱警報装置LDWS，坂道発進補助装置EZGO&ヒルスタートアシストを採用した。併せてダッシュボードのデザインを一新し機能性を高め，インパネシフト，Bluetooth対応のAM/FMラジオなどを装備した。このほかパーキングブレーキをステッキ式からレバー式に変更，一部グレードにLEDヘッドランプを採用した。

エンジンはフィアット・パワートレーン・テクノロジー（FPT）と共同開発した排気量3ℓの4P10型ディーゼルで，出力129kW（175PS）または110kW（150PS，4WD専用）を搭載する。トランスミッションはデュアルクラッチ方式の6速AMT "DUONIC（デュオニック）2.0" および，2WDにのみ設定される5速MTがある。サスペンションは前輪：独立懸架式，後輪：リーフである。安全面では全正席に

ELR3点式シートベルトを備える。グレードはエコラインとプロラインを基本に，パッケージオプションのプレミアム（スイング扉仕様）も用意される。また幼児車，路線仕様車，チェアデッキ（車椅子用リフト付），観光仕様が特装車や二次架装などで用意される。このうち観光仕様は専用の内装，上下可動式荷棚を備えた後部荷物室，LEDラインライト，USBポートなどが用意される。

【販売価格例＝ローザ　ロングボデー・2WD・プロライン，定員29人：758万5,000円】諸元表番号は **4**

ローザ型式一覧

スーパーロング	ロング	ロング4WD	ショート
2RG-BE740J	2RG-BE740G	2RG-BG740G	2RG-BE740E

三菱ふそうローザ（5代目）の略歴〈2007年以降〉	
2007.7	平成17年規制に適合《PDG-》
2011.8	平成22年規制に適合《SKG-》，ショートボデーと4WDを中止，エンジン一新，ATをトルコン式からDUONICに変更，安全装備を充実，新保安基準に適合
2013.4	平成27年度燃費基準達成《TPG-/TRG-/TTG-》，ショートボデー再発売
2015.4	スーパーロングの一部が新エコカー減税対応《TTG-》
2015.11	4WD再発売《TPG-》
2018.10	フロントマスク一新
2019.10	平成28年規制適合，各部改良《2RG-》

三菱ふそうローザ ロングボデー　2RG-BE740G（塩釜市／ジャパン交通，AN）

ローザ ロングボデー

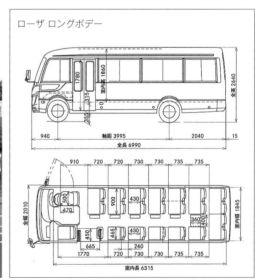

小型バス諸元表

諸元表番号 1

項目		LDF-DW4E26*1	CBF-DS4E26*1	CBF-DS8E26*1
車名		日産NV350キャラバン マイクロバス		
仕様		GX 2WD	DX 2WD	GX 4WD
乗車定員	(人)	14	14	14
全長	(mm)	5,230	5,230	5,230
全幅	(mm)	1,880	1,880	1,880
全高	(mm)	2,285	2,285	2,285
ホイールベース	(mm)	2,940	2,940	2,940
トレッド(前)/(後)	(mm)	1,660/1,635	1,660/1,635	1,665/1,635
最低地上高	(mm)	170	170	170
室内寸法(長)	(mm)	4,245	4,245	4,245
〃(幅)	(mm)	1,730	1,730	1,730
〃(高)	(mm)	1,565	1,565	1,565
車両重量	(kg)	2,100	2,290	2,240
車両総重量	(kg)	2,870	3,060	3,010
最小回転半径	(m)	6.0	6.0	6.0
エンジン仕様		直4・TI付	ガソリン直4	
エンジン型式		YD25DDTi	QR25DE	
総排気量	(cc)	2,488	2,488	
最高出力	(kW/rpm)	95(129PS)/3,200	108(147PS)/5,600	
最大トルク	(N·m/rpm)	356(36.6kgf·m)/1,400~2,000	213(21.7kgf·m)/4,400	
変速比 ①/②		3.872/2.368	3.841/2.352	
③/④		1.519//1.000	1.529/1.000	
⑤/⑥		0.834/—(以上AT標準)	0.839/—(以上AT標準)	
終減速比		3.700		
JC08モード燃費	(km/ℓ)	10.80	8.60	
ステアリング型式		ラック&ピニオン, パワーステアリング付		
サスペンション型式(前)		独立懸架式トーションバー		
〃(後)		車軸式板ばね		
主ブレーキ		ディスク/ドラム		
補助ブレーキ		—		
タイヤサイズ(前)		195/80R15 107/105LLT		
〃(後)		195/80R15 107/105LLT		

諸元表番号 2

項目		QDF-GHD223B	CBF-TRH223B	CBF-TRH228B
車名		トヨタ ハイエース コミューター		
仕様		GL 2WD	DX 2WD	GL 4WD
乗車定員	(人)	14	14	14
全長	(mm)	5,380	5,380	5,380
全幅	(mm)	1,880	1,880	1,880
全高	(mm)	2,285	2,285	2,285
ホイールベース	(mm)	3,110	3,110	3,110
トレッド(前)/(後)	(mm)	1,655/1,650	1,655/1,650	1,655/1,650
最低地上高	(mm)	185	185	175
室内寸法(長)	(mm)	4,250	4,250	4,250
〃(幅)	(mm)	1,695	1,730	1,695
〃(高)	(mm)	1,565	1,565	1,565
車両重量	(kg)	2,240	2,070	2,200
車両総重量	(kg)	3,010	2,840	2,970
最小回転半径	(m)	6.1	6.1	6.3
エンジン仕様		直4・TI付	ガソリン直4	
エンジン型式		1GD-FTV	2TR-FE	
総排気量	(cc)	2,754	2,693	
最高出力	(kW/rpm)	111(151PS)/3,600	118(160PS)/5,200	
最大トルク	(N·m/rpm)	300(30.6kgf·m)/1,000~3,400	243(24.8kgf·m)/4,000	
変速比 ①/②		3.600/2.090		
③/④		1.488/1.000		
⑤/⑥		0.687/0.580(以上AT標準)		
終減速比		4.100	4.875	
JC08モード燃費	(km/ℓ)	11.80	9.50	8.90
ステアリング型式		ラック&ピニオン, パワーステアリング付		
サスペンション型式(前)		独立懸架式トーションバー		
〃(後)		車軸式板ばね		
主ブレーキ		ディスク/ドラム		
補助ブレーキ		—		
タイヤサイズ(前)		195/80R15 107/105LLT		
〃(後)		195/80R15 107/105LLT		

諸元表番号 3

項目		ABG-DJW41	ABG-SDVW41
車名		日産シビリアン	いすゞジャーニー
仕様		ロング/GL	標準/デラックスE
乗車定員	(人)	29	26
全長	(mm)	6,995	6,270
全幅	(mm)	2,065	2,065
全高	(mm)	2,625	2,635
ホイールベース	(mm)	3,690	3,310
トレッド(前)/(後)	(mm)	1,675/1,490	1,675/1,490
最低地上高	(mm)	190	190
室内寸法(長)	(mm)	6,305	5,585
〃(幅)	(mm)	1,900	1,900
〃(高)	(mm)	1,820	1,820
車両重量	(kg)	3,870	3,640
車両総重量	(kg)	5,465	5,070
最小回転半径	(m)	6.6	6.0
エンジン仕様		ガソリン直6	
エンジン型式		TB45E	
総排気量	(cc)	4,478	
最高出力	(kW/rpm)	127(173PS)/4,400	
最大トルク	(N·m/rpm)	314(32kgf·m)/3,600	
変速比 ①/②		3.068/1.570	5.099/2.863
③/④		1.000/0.724	1.588/1.000
⑤/⑥		(以上AT)	0.752/—
終減速比		5.571	
重量車モード燃費	(km/ℓ)	7.40*2	
ステアリング型式		ボールナット, パワーステアリング付	
サスペンション型式(前)		車軸式空気ばね*3	車軸式板ばね
〃(後)		車軸式空気ばね*3	車軸式板ばね
主ブレーキ		ディスク/ドラム 油圧真空倍力装置付	
補助ブレーキ			
タイヤサイズ(前)		205/80R17.5 120/118LLT	
〃(後)		205/80R17.5 114/112LLT	
燃料タンク容量	(ℓ)	104	

諸元表番号 4

項目		2RG-BE740J	2RG-BE740G	2RG-BG740G	2RG-BE740E
車名		三菱ふそうローザ			
仕様		スーパーロング	ロング	ロング4WD	ショート
乗車定員	(人)	33	29	29	25
全長	(mm)	7,730	6,990	6,990	6,245
全幅	(mm)	2,010	2,010	2,010	2,010
全高	(mm)	2,640	2,640	2,690	2,630
ホイールベース	(mm)	4,550	3,995	3,995	3,490
トレッド(前)/(後)	(mm)	1,655/1,495	1,655/1,495	1,655/1,495	1,655/1,495
最低地上高	(mm)	175	175	175	175
室内寸法(長)	(mm)	7,030	6,315	6,315	5,570
〃(幅)	(mm)	1,845	1,845	1,845	1,845
〃(高)	(mm)	1,860	1,860	1,860	1,860
車両重量	(kg)	4,090	3,900	4,050	3,360
車両総重量	(kg)	5,905	5,495	5,645	5,035
最小回転半径	(m)	7.1	6.3	7.4	5.6
エンジン仕様		直4・TI付			
エンジン型式		4P10(T6)		4P10(T4)	4P10 (T6)
総排気量	(cc)	2,998			
最高出力	(kW/rpm)	129(175PS)/2,860		110(150PS)/2,440	129(175PS)/2,860
最大トルク	(N·m/rpm)	430(43.8kgf·m)/1,600~2,860			
変速比 ①/②		5.494/3.038	5.397/3.788		
③/④		1.592/1.000	2.310/1.474		
⑤/⑥		0.723/—	1.000/0.701(以上AMT)		
終減速比		4.875			
重量車モード燃費	(km/ℓ)	10.0			
ステアリング型式		ラック&ピニオン, パワーステアリング付			
サスペンション型式(前)		独立懸架式コイルばね	独立懸架式トーションバー		独立懸架式コイルばね
〃(後)		車軸式板ばね			
主ブレーキ		前後ディスク 油圧真空倍力装置付			
補助ブレーキ		排気ブレーキ			
タイヤサイズ(前)		205/80R16			
〃(後)		205/80R16			
燃料タンク容量	(ℓ)	100		70	100

＊1：いすゞコモ マイクロバスの型式はLDF-JDW4E26など"J"を冠する　　＊2：60km/h定地走行燃費(km/ℓ)　　＊3：板ばね併用

トヨタコースター／日野リエッセⅡ

Toyota Coaster/Hino Liésse II: Toyota Coaster is the top selling small-size bus that is being offered at 110 countries and districts around the world, with more than a total of approximately 550,000 units being sold including its predecessor Toyota Light Bus. It underwent a complete model change in 2016, it's the first in 24 years. The styling of the body has been made square allowing for spacious interior space, and safety features have been vastly enhanced by passing R66 regulations. Two body length variants are offered, 7m, 6.3m and 7.7m.

トヨタコースター ロングボディー
プレミアムキャビン　2KG-XZB70
下は21席の車内

　トヨタコースターは国内の小型バス市場で大きなシェアを誇るとともに，世界110の国・地域で使用されている量産バスである。その前身にあたる，1963年に発売されたトヨタライトバス以来の世界累計販売台数は約55万台に達する。コースターは1969年に初代が登場，1982年に2代目，1992年に3代目となり，1996年からは日野自動車にリエッセⅡとしてOEM供給されている。

　現行モデルは2016年12月に発表された4代目で，24年ぶりのフルモデルチェンジが話題を呼んだ。基本車型は3代目を引き継ぎ，全長6.99mのロングボディーと6.255mの標準ボディーの2種類を展開するが，ルーフ形状は剛性の確保や居住空間の拡大を目的に，全高約2.6mのハイルーフに統一された。ボデー構造は環状骨格（フープ構造）を採用し，ECE基準のR66（ロールオーバー性能）をクリアする。外観は"Modern & Tough"をテーマに，スクエアなスタイルとし，力強さや大きさを印象づけている。また後部観音扉（幼児専用車は非常口）を左右非対称に改め，荷物の出し入れを容易にするとともに，緊急時の脱出性を向上させた。内装はボデースタイルの一新，構造変更などにより，室内高は先代ハイルーフ比＋60mmの1,890mmを確保，快適な居住性・移動性を実現した。また乗用車との安全装備の共通化によりバッテリーが24Vから12Vに変更されたが，これに伴

いエアサスが中止され，足回りは前輪独立懸架（スタビライザー付）／後輪リーフ（同）に集約された。2018年に最初の改良を受け，衝突被害軽減ブレーキPCS，車線逸脱警報，オートマチックハイビームなど衝突支援回避パッケージ，ライト自動点灯・消灯システム「コンライト」を各々標準装備（幼児車は2021年1月から），またウインドーシールドの両サイドにレインガーターモールを設定しフロントピラーの段差を少なくすることで空力性能を向上させ，操縦安定性を高めた。

　2019年7月に平成28年排出ガス規制に適合した。エンジンは日野製のN04C-WA型（110kW）およびN04C-WB型（129kW）で，6速ATまたは5速MTを組み合わせるとともに，排出ガス後処理装置に尿素SCRシステムを採用，全車が平成27年度燃費基準を達成した。

　またボデーの新バリエーションとして全長7.73mの超ロングボデーを設定した。定員13人で車内後部は床面長2.75mのスペースにな

トヨタコースター（4代目），日野リエッセⅡ（2代目）の変遷	
2017.1	4代目コースターとOEM車・リエッセⅡ発売.エンジンは日野製直4ディーゼルに集約《SKG-，SPG-，SDG-》
2018.6	空力性能向上，衝突被害軽減ブレーキ装着など改良
2019.7	平成28年規制適合，超ロングボデー追加《2KG-，2PG-》
2020.6	ロングボデーにプレミアムキャビンを追加
2021.1	幼児車の安全装備を強化，全車が高度OBDに対応

トヨタコースター 超ロングボデーGX　2KG-XZB80

っており，荷室のほか車椅子用リフト車のベースとしても適している。このほかグライド式扉車に挟み込み防止機能とイージークローザーを採用するなど安全性・機能性を向上した。

　グレードは下からLX，GX，EX，プレミアムキャビンの４つである。このうち最上級のプレミアムキャビンは2020年６月に追加された新グレードで，ロングボデーEXの後部観音仕様をベースに，ベース車の６〜７列シート・定員24〜29人を５列・定員21人に変更して居住空間を大幅に拡大した。併せて後部荷物室の設置，スウェード調新素材のシート生地やUSBポート（右窓側席），専用カーペットなどを採用し，機能性・快適性を高めた。

　このほかのバリエーションには，幼児専用車と貨物輸送用のビッグバンが各々ロングボデーと標準ボデーで設定される。車椅子乗降用リフト付などの特装車は二次架装で対応している。なおOEM車の日野リエッセⅡもコースターと同様のバリエーションを展開するが，標準ボデーは「ショートボデー」，超ロングボデーは「スーパーロング」と称している。またコースターが世界各地に輸出される一方，OEM車であるリエッセⅡは長らく国内専売モデルであったが，2019年９月にはタイでの販売が開始された。

【販売価格例＝コースター　プレミアムキャビン・129kW・６速AT・定員21人：1,029万4,000円，EXロングボデー・129kW・６速AT・定員29人：944万1,300円，GX超ロングボデー・129kW・６速AT・定員13人：943万8,000円，LX標準ボデー・110kW・５速MT・定員25人：670万7,800円。日野リエッセⅡ　EXロングボデー・110kW・５速MT・定員29人：902万8,800円】

日野リエッセⅡ ロングボデーGX 24人乗り・後部観音扉付
2KG-/2PG-XZB70M

コースター型式一覧（リエッセⅡは末尾に「M」を付加）

	超ロングボデー	ロングボデー	標準ボデー
129kW・6速AT	2KG-XZB80	2KG-XZB70	
110kW・6速AT	2KG-XZB80	2KG-XZB70	2KG-XZB60
110kW・5速MT		2PG-XZB70	2PG-XZB60

The model is powered by Hino's L4 diesel engine. Front suspensions are independent suspensions, with rear being leaf rigid. Along with passing the 2016 emission regulations in 2019, a variant with the overall length of 7.7m which is perfect as the base for special vehicles has been added.

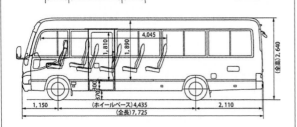

コースター 超ロングボデー／リエッセⅡ スーパーロング

＊社内測定値

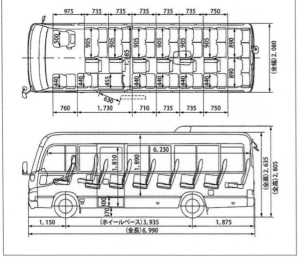

コースター ロングボデー／リエッセⅡ ロングボデー

■諸元表（日野リエッセⅡの型式はトヨタコースターに対して末尾Mを付加）

車　名		トヨタ コースター		日野リエッセⅡ
型　式		2KG-XZB70	2KG-XZB80	2KG-XZB60M
仕　様		プレミアムキャビン	超ロング／GX	ショート／LX
乗車定員	(人)	21	13	25
全　長	(mm)	6,990	7,725	6,255
全　幅	(mm)	2,080	2,080	2,080
全　高	(mm)	2,635	2,640	2,630
ホイールベース	(mm)	3,935	4,435	3,200
トレッド（前／後）	(mm)	1,690/1,490	1,690/1,490	1,690/1,490
最低地上高	(mm)	185	185	185
室内寸法（長）	(mm)	5,780	4,045	5,495
〃　　　（幅）	(mm)	1,885	1,880	1,885
〃　　　（高）	(mm)	1,880	1,890	1,890
車両重量	(kg)	3,900	3,860	3,650
車両総重量	(kg)	5,055	4,575	5,025
最小回転半径	(m)	6.5	7.2	5.5
エンジン仕様		直4・TI付		
エンジン型式		N04C-WB	N04C-WB	N04C-WA
総排気量	(cc)	4,009		
最高出力	(kW/rpm)	129(175PS)/2,800	129(175PS)/2,800	110(150PS)/2,500
最大トルク	(N·m/rpm)	461(47.0kgf·m)/1,600	461(47.0kgf·m)/1,600	420(42.8kgf·m)/1,400〜2,500
変速機		6速AT		
変速比	①/②	3.314/1.912		
	③/④	1.321/1.000		
	⑤/⑥	0.750/0.605		
終減速比		4.625		
重量車モード燃費	(km/ℓ)	9.10	9.10	9.20
ステアリング型式		ボールナット式パワーステアリング付		
サスペンション型式　（前）		独立懸架式トーションバーばね		
〃　　　　　　　（後）		車軸式板ばね		
主ブレーキ		前：ディスク／後：ドラム　油圧真空倍力装置付		
補助ブレーキ		排気ブレーキ		
タイヤサイズ （前／後）		215/70R17.5 118/116NLT		
燃料タンク容量	(ℓ)	95		

日野ポンチョ

日野ポンチョ・ロング ２ドア
2DG-HX9JLCE
（横浜市交通局）

ポンチョは2002年に初代が発売された小型ノンステップバスで，現在のモデルは2006年に発売された２代目である。

初代ポンチョはフロントエンジン・前輪駆動の輸入商用車がベースで，室内全長にわたるフルフラットノンステップフロアを特徴としていたが，２代目は初代の大きな特徴であった優れた乗降性を引き継ぎ，国産コンポーネントによるリヤエンジンレイアウトで登場した。製品化に際してはリエッセ（1995～2011年）のボデーをベースに，直４エンジンを横置き搭載，アングルドライブを介してプロペラシャフトと結んでいる。これによりホイールベース間に段差のない，床面地上高310mmのノンステップフロアを実現している。

現行の販売車型は2017年12月に発売された平成28年排出ガス規制適合車で，直４で132kW（180PS）を発生するJ05E〈J5-Ⅵ〉型エンジンと５速ATを組み合わせる。また排出ガス後処理装置に尿素SCRシステムを採用する。2019年には高度OBDに対応した。

ボデーバリエーションは全長７mの「ロング」が２ドアと１ドア

の２種類，全長6.3mの「ショート」が１ドアのみの，基本計３種類。また車内仕様は都市型（前向き，横向き，左側前向き・右側横向き）と郊外型（全席前向きで右側２人がけ・左側１人がけ）が設定される。全車にLED式室内灯を標準装備，フォグランプ，ハイマウントストップランプ，吊革，乗降中表示灯などを各々オプション設定する。製造はジェイ・バス小松工場が行う。なお2017年からはオーストラリアへの輸出が開始された。

このほかボデーメーカーのジェイ・バスではレトロなスタイリングを演出するコンバージョンキット「ルートンジュニア」を同社の二次架装商品として用意，レトロフィットにも対応する。また同社では2020年に，感染症対策用品としてポンチョ専用の運転席飛沫防止パネル（Hポール追加型，使用過程車にも対応）などを用品として発売した。

2012年から2013年にかけては，日野自動車が開発した電気バスの試作車「ポンチョEV」が東京都内の墨田区と羽村市，石川県小松市の各コミュニティバスに１台ずつ，限定販売の扱いで導入された。200kWモーターと30kWhのリチウムイオン電池を搭載するが，車両重量をディーゼル車に揃えるためにバッテリー容量を決めていることから，一充電あたりの航続距離は一般的な使用条件で８～10kmと短い。またEV専用のフロントマスクを備える。これら３台は現在も稼働を続けている。

【販売価格例＝ポンチョ・ロング２ドア・都市型：1,809万3,240円，ショート・都市型：1,774万4,400円】

日野ポンチョ・ショート
2DG-HX9JHCE
（大府市／知多乗合，Ya）
→運転席周り

■諸元表

車　名	日野ポンチョ		
型　式	2DG-HX9JLCE	2DG-HX9JLCE	2DG-HX9JHCE
ボデータイプ・扉位置	ロング・中後扉	ロング・中扉	ショート・中扉
仕　様	ノンステップ都市型	ノンステップ郊外型	ノンステップ都市型
乗車定員　　　　（人）	36	33	29
全　長　　　　　（mm）	6,990	6,990	6,290
全　幅　　　　　（mm）	2,080	2,080	2,080
全　高　　　　　（mm）	3,100	3,100	3,100
ホイールベース　（mm）	4,825	4,825	4,125
トレッド（前/後）（mm）	1,720/1,575	1,720/1,575	1,720/1,575
最低地上高　　　（mm）	165	165	165
室内寸法（長）　（mm）	5,600	5,600	4,900
〃　　（幅）　（mm）	1,930	1,930	1,930
〃　　（高）　（mm）	2,440	2,440	2,440
車両重量　　　　（kg）	5,860	5,850	5,620
車両総重量　　　（kg）	7,840	7,665	7,215
最小回転半径　　（m）	7.7	7.7	6.7
エンジン仕様	直4・TI付		
エンジン型式	J05E〈J5-Ⅵ〉		
総排気量　　　　（cc）	5,123		
最高出力　　（kW/rpm）	132(180PS)/2,500		
最大トルク　（N·m/rpm）	530(54kgf·m)/1,500		
変　速　比　　①/②	3.463/2.024		
③/④	1.476/1.000		
⑤	0.807(以上AT標準)		
終減速比	4.333		
重量車モード燃費（km/ℓ）	6.50		
ステアリング型式	インテグラル式パワーステアリング付		
サスペンション型式	車軸式空気ばね（板ばね併用）		
主ブレーキ	空気油圧複合式		
補助ブレーキ	排気ブレーキ		
タイヤサイズ	205/80R17.5		
燃料タンク容量　　（ℓ）	100		

日野ポンチョ・ロング　1ドア　2DG-HX9JLCE（東広島市／芸陽バス）

日野ポンチョ（2代目）の略歴

2004.11	東京モーターショーにコンセプトモデル"ポンチョL"展示
2006. 6	2代目"ポンチョ"ロング／ショート発売．平成17年規制適合車《ADG-》
2007. 6	AT車を追加《ADG-》
2007. 7	低排出ガス重量車に適合《BDG-》
2008.10	ロングに1ドア車追加．ロング1ドア車とショートに座席数重視型レイアウト設定
2011. 8	平成22年規制に適合《SKG-／SDG-》
2012. 3	ピュア電気バスのポンチョEV，営業運行開始
2012. 4	新保安基準・新ワンマンバス構造要件に適合
2017.12	平成28年規制に適合《2DG-》，AT車に集約
2019. 6	高度OBDに対応

ポンチョの標準的な車内例
左：ロング・2ドア・都市型．全席前向きでメーカー標準仕様の定員は36人，客席数11（うちノンステップエリアは7）
中：ロング・1ドア・郊外型．シート配列は2＋1でメーカー標準仕様の定員は33人，客席数は18（同・14）
右：ショート・都市型．全席前向きでメーカー標準仕様の定員は29人，客席数は10（同・6）
なおロング，ショートとも都市型には横向きシートも設定されている

Hino Poncho: The rear engine, small-size non-step bus introduced in 2004. With L4, 132kW traverse engine, the fully flat floor with the floor height of 310mm has been realized by utilizing angular drive. The longer model with overall length of 7m and the shorter model with 6.3m are offered.

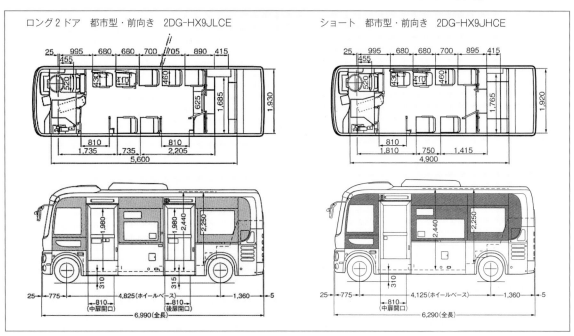

ロング2ドア　都市型・前向き　2DG-HX9JLCE

ショート　都市型・前向き　2DG-HX9JHCE

日野メルファ
2DG-RR2AJDA
（京都バス，Ya）

　日野メルファは1999年に，先代のレインボーRR／RJをフルモデルチェンジして登場した中型観光・自家用バスで，2004年にはいすゞとの統合モデルになり，ガーラミオとしても販売されている。両車とも2017年に平成28年排出ガス規制に適合，また2019年には高度OBDへの対応などを図った。製造はジェイ・バス小松工場が行う。

　現行モデルはメルファ，ガーラミオとも日野製の直列4気筒・排気量5.1ℓのA05C〈A5-Ⅷ〉型エンジンを搭載する。このエンジンは最高出力162kW（220PS），最大トルク794N·m（81kgf·m）を発生し，平成22年規制の時代に搭載していた直列5気筒・排気量6.4ℓのJ07E型に対して，出力はほぼ同等，トルクはより大きい。トランスミッションは全車に日野製の6速AMT "Pro Shift" を組み合わせ，運転操作性の向上と適切な変速による燃費低減，さらにイージードライブにつなげている。排出ガス後処理装置には尿素SCRシステムを

採用する。

　グレードはメルファが上からロイヤルサルーン／スーパーデラックス／デラックス，ガーラミオが上からM-Ⅲ／M-Ⅱ／M-Ⅰの各3種類。最上級グレードはいずれもシート部段上げ・スイング扉，リクライニングシート8列＋乗務員2の定員35人。中間グレードはシート部段上げ・折戸，リクライニングシート9列＋補助席5＋乗務員1の定員43人。下位グレードは平床・折戸，固定シート9列＋補助席8＋乗務員1の定員46人が標準である。最上級グレードはAV機器・冷蔵庫などを，上位2グレードには2スパン左右貫通トランクルームを標準装備する。このほか車椅子用リフト付バスなどに適した，二次架装向けの特装用ベース車も設定されている。

　装備面では坂道発進補助装置を標準装備するとともに，ディスチャージヘッドランプ，車高調整機能，客室内強制排気装置エキゾー

Hino Melpha/Isuzu GalaMio: Melpha is the medium-size bus for private and sightseeing introduced in 1999 by Hino. The model became consolidated with Isuzu's in 2004. Both models offer 3 grades. The engine has been changed from L6 to L4 in 2017. At the same time, both MT and AT have been discontinued and only 6-speed AMT (Hino Pro Shift) is presently being offered.

日野メルファ
2DG-RR2AJDA
（中日臨海バス）

日野メルファ ロイヤルサルーンをベースに，ジェイ・バスが2019年に製作した提案型商品の中型VIPシャトル．ハイグレードな内外装が特徴

↑メルファの運転席周り．メータークラスターにはユニバーサルデザインを採用．視認性が向上した
←トランスミッションは全車6速AMTを装備する

↓メルファ ロイヤルサルーン／ガーラミオM-Ⅲの車内．8列・定員35人．シート表皮は標準仕様の「エレガンス」

スター，LED式客室エントランスランプ（上位2グレード）などをオプション設定する．運転席周りではメータークラスターにユニバーサルデザインを採り入れ視認性を高めるとともに，マルチインフォメーションディスプレイを組み込んでいる．また冷房装置は外気導入なしが標準，外気導入付がオプションである．

　2020年にはジェイ・バスから，専用の感染症対策用品として運転席飛沫防止（カーテン型およびパネル型），消毒液ボトル取付金具などが，使用過程車にも対応する用品として発売された．
【販売価格例＝メルファロイヤルサルーン・定員36人：2,185万1,500円。ガーラミオM-Ⅰ・定員45人：1,712万7,000円】

日野メルファ／いすゞガーラミオの略歴

1999. 3	"メルファ9"発売．ホイールベース2種類，全高2種類．平成10年規制適合車《KK-》
1999. 6	初代"ガーラミオ"発売．ホイールベース2種類．平成10年規制適合車《KK-》
2004. 8	メルファ9，平成15年規制に適合《PB-》．7m車メルファ7の中止で"メルファ"に改称の上，全高3mの長尺車に集約．ガーラミオはメルファの統合モデルとなり2代目に移行《PB-》
2007. 7	平成17年規制に適合《BDG-》
2011. 7	平成22年規制に適合《SDG-》
2012. 5	新保安基準に対応
2015	メルファ プラグインハイブリッド限定発売（2017年中止）
2017. 7	平成28年規制に適合，全車AMT化《2DG-》
2019. 6	高度OBDに対応

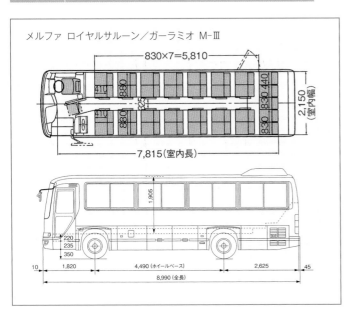

メルファ ロイヤルサルーン／ガーラミオ M-Ⅲ

■諸元表

車　名	日野メルファ／いすゞガーラミオ		
型　式	2DG-RR2AJDA／2DG-RR2AJDJ		
扉 位 置	前扉	前扉	前扉
仕　様	ロイヤルサルーン／M-Ⅲ	スーパーデラックス／M-Ⅱ	デラックス／M-Ⅰ
乗車定員　　（人）	35	41	45
全　長　　（mm）	8,990	8,990	8,990
全　幅　　（mm）	2,340	2,340	2,340
全　高　　（mm）	3,035	3,035	3,035
ホイールベース（mm）	4,490	4,490	4,490
トレッド(前／後)(mm)	1,905／1,725	1,905／1,725	1,905／1,725
室内寸法(長)（mm）	7,815	7,815	7,770
〃 （幅）（mm）	2,150	2,150	2,150
〃 （高）（mm）	1,905	1,905	1,905
車両重量　　（kg）	7,575	7,610	7,375
車両総重量　（kg）	9,500	9,865	9,850
最小回転半径　（m）	7.4	7.4	7.4
エンジン仕様	直4・TI付		
エンジン型式	A05C〈A5-Ⅷ〉		
総排気量　　（cc）	5,123		
最高出力　（kW/rpm）	162(220PS)／2,000		
最大トルク　（N·m/rpm）	794(81kgf·m)／1,500		
変 速 比　①／②	6.098／3.858		
③／④	2.340／1.422		
⑤／⑥	1.000／0.744(以上AMT標準)		
終減速比	5.672		
重量車モード燃費(km/ℓ)	6.10		
ステアリング型式	インテグラル式パワーステアリング付		
サスペンション型式（前）	車軸式空気ばね（板ばね併用）		
（後）	車軸式空気ばね（板ばね併用）		
主ブレーキ	空気油圧複合式		
補助ブレーキ	排気ブレーキ		
タイヤサイズ	9R19.5 14PR		
燃料タンク容量　（ℓ）	190		

いすゞエルガミオ／日野レインボー

いすゞエルガミオ
2KG-LR290J4
（福島交通，AN）

いすゞエルガミオは1999年に先代LRをフルモデルチェンジして発売された中型路線車で，2004年には日野にレインボーⅡ（型式KR）としてOEM供給を開始，2007年から2社の統合モデルとなった。2016年のフルモデルチェンジで日野車は「レインボー」に改称された。2017年8月に両車とも平成28年排出ガス規制に適合，2019年6月にはドライバー異常時対応システムEDSSを標準装備，さらに2020年6月にはそれまでのAMT車のみに対してトルコンAT車を追加した。製造はジェイ・バス宇都宮工場が行う。

エルガミオ／レインボーは2015年に発売された大型路線車・いすゞエルガ／日野ブルーリボンとモジュール設計されている。また両車とも異形2灯式ヘッドランプ採用のフロントマスク，前中扉間ノンステップへの集約，燃料タンクの前輪タイヤハウス部設置とノンステップフロアの拡大，反転式スロープ板の採用など仕様は全く同じで，2015年ノンステップバス標準仕様に適合している。車内仕様は大型車に準じて都市型・ラッシュ型・郊外Ⅰ型・郊外Ⅱ型の4種類を設定する。なお燃料タンク位置は標準仕様が左前輪タイヤハ

2代目エルガミオ／レインボーの変遷	
2016.4	2代目エルガミオ発売，ノンステップのAMT車に集約，レインボーⅡはレインボーに改称《SKG-》
2017.8	平成28年規制に適合《2KG-》
2019.6	EDSS，BOAなど装備，高度OBDに対応（型式末尾4）
2020.6	AT車追加

ウス部で，オプションで右前輪タイヤハウス部が選べるが，いずれも該当するタイヤハウス上に前向き席は設置されない。またヘッドランプ，テールランプ，車内・車外照明にはLED式を採用する。

エルガミオ／レインボーとも平成28年排出ガス規制適合を機に，直4・排気量5.2ℓのいすゞ4HK1-TCS型エンジンを搭載する。このエンジンは新VGSシングルターボの採用により過給率を高めるとともに環境性能・燃費性能を改善，最高出力154kW（210PS），最大トルク706N・m（72kgf・m）を発生する。

トランスミッションは6速AMTと，2020年に追加された6速トルコンATがある。前者のAMTはいすゞ製で，状況に応じて自動変速と手動変速の切り替えができるとともに，オートニュートラル機

Isuzu Erga Mio (LR)/Hino Rainbow (KR): The medium-size route bus series with Isuzu's engine and chassis that received a model change and transformed to the second generation in April of 2016. Sharing the modular design with the large-size route bus Isuzu Erga/Hino Blue Ribbon that received a model change in 2015, the non-step floor has been widened by placing the fuel tank in the left front tire house. The models have the wheelbase of 4.4m, and are powered by Isuzu's L4 engine producing 154kW coupled with 6-speed AMT or 6-speed AT. 4 basic interior layouts are being offered. Along with adding Emergency Driving Stop System (EDSS) in 2019, the model received various refinements.

日野レインボー　AT車
2KG-KR290J4（豊田市／名鉄バス，Ya）

能を装備し，扉の開閉操作により動力の断接を自動で行う。後者の
ATはアリソン製で，中扉開時にクリープ状態を完全になくすため，
アクセルインターロック，動力カット，オートニュートラルブレー
キホールドの各機能で安全性を確保している。またモメンタリース
イッチ（エンジン再始動時にアイドリングストップ＆スタートシス
テムが有効な設定になる装置）の採用で，AMT車と同様に平成27
年度燃費基準を達成している。ファイナルギヤ比は標準1種類，オ
プション2種類（燃費重視，山岳地向け）を設定する。このほかブ
レーキはフルエアを採用，冷房機器はデンソー製パッケージクーラ
ーを標準装備する。安全装備はEDSSのほか，ブレーキとアクセル
を同時に踏んだ場合にエンジン出力を制御しブレーキを優先する
BOA（ブレーキ・オーバーライド・アクセラレーター）を装備した。
さらに高度OBDに対応する。

　なお2020年6月のAT車追加と併せて，感染症に対する
運転席周りの飛沫防止用品が発売された。

【販売価格例＝エルガミオ・都市型・6速AT：2,214万9,000
円，レインボー・都市型・6速AT：2,466万7,500円。

➡エルガミオ／レインボー・
都市型の車内
⬅2020年に追加設定された
6速AT車のATセレクター
周り．AT車は中扉開時の
動力伝達カット機能，
ANBH：オート・ニュート
ラル・ブレーキ・ホールド
（中扉開閉時やアイドリン
グストップによる停車時に
ギヤを自動的にニュートラ
ルにする機能）を装備する
➡日野レインボー　2KG-
KR290J4（阿寒バス，Nk）

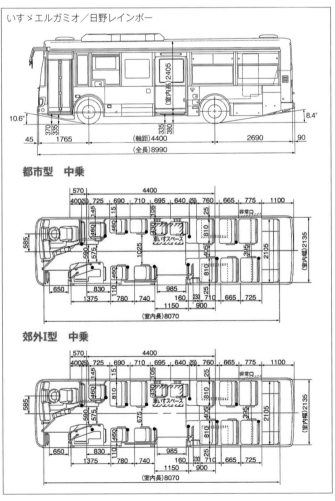

いすゞエルガミオ／日野レインボー

都市型　中乗

郊外I型　中乗

■諸元表

車　　名		いすゞエルガミオ（LR）／日野レインボー（KR）	
型　　式		2KG-LR290J4/2KG-KR290J4	
床形状／扉位置		ノンステップ／前中扉	
仕　　様		都市型　AMT車	都市型　AT車
乗車定員	(人)	61	61
全　　長	(mm)	8,990	
全　　幅	(mm)	2,300	
全　　高	(mm)	3,045	
ホイールベース	(mm)	4,400	
トレッド（前／後）	(mm)	1,945/1,695	
最低地上高	(mm)	125	
室内寸法（長）	(mm)	8,070	
〃　（幅）	(mm)	2,135	
〃　（高）	(mm)	2,405	
車両重量	(kg)	7,940	8,010
車両総重量	(kg)	11,295	11,365
最小回転半径	(m)	7.6	
エンジン仕様		直4・TI付	
エンジン型式		4HK1-TCS	
総排気量	(cc)	5,193	
最高出力	(kW/rpm)	154(210PS)/2,400	
最大トルク	(N·m/rpm)	706(72kgf·m)/1,400～1,600	
変速機		6速AMT	6速AT
変速比	①/②	6.615/4.095	3.486/1.864
	③/④	2.358/1.531	1.409/1.000
	⑤/⑥	1.000/0.722	0.749/0.652
終減速比		5.571	5.857
重量車モード燃費	(km/ℓ)	6.00	5.80
ステアリング型式		インテグラル式パワーステアリング付	
サスペンション型式（前／後）		車軸式空気ばね	
主ブレーキ		空気式	
補助ブレーキ		排気ブレーキ	
タイヤサイズ		245/70R19.5 136/134J	
燃料タンク容量	(ℓ)	130	

いすゞエルガ　長尺AT車　2PG-LV290Q3（広島電鉄，Mt）

　いすゞエルガ（LV）／日野ブルーリボン（KV）はジェイ・バス宇都宮工場で完成する大型路線バスで，前身はいすゞが2000年に発売した初代エルガである。2004年からブルーリボンⅡの名で日野にOEM供給が開始され，2005年に統合モデルとなった。2015年に両車フルモデルチェンジ，その際ノンステップに集約するとともに日野はブルーリボンと改称した。現行の平成28年排出ガス規制適合車は，2019年6月にドライバー異常時対応システムEDSSの標準装備など各部を改良，2020年6月にはAT車の燃費を改善した。

　スタイリングは2015年までの先代モデルのイメージを継承しつつ，段差の少ないボデーサーフェス，クリーンなウインドーグラフィック，両者共通の異形2灯式LEDヘッドランプを採用したフロントマスクなどを特徴としている。ノンステップのボデーは先代に対してホイールベースを短尺車で500mm，長尺車で700mm延長，これによりノンステップフロアを拡大するとともに，長尺車は先代の長尺ワンステップ車並みの収容力を確保している。また前後オーバーハングの短縮とアプローチアングル・デパーチャアングルの拡大でワン

ステップ車並みの走破性を確保した。このほか燃料タンクを樹脂化し前輪タイヤハウス後方（標準は左側，オプションで右側）に設置することでノンステップフロアの段上げを解消，優先席の前向き化などにより通路幅の拡大も実現した。車内レイアウトは都市型，ラッシュ型，郊外Ⅰ型，郊外Ⅱ型が各々標準。ほかに寒冷地向けで右床下置き燃料タンク仕様があり，座席数をより多くとりたいニーズにも適している。車椅子乗降用に反転式スロープ板を標準採用する。

　エンジンは燃費・環境性能の改善，小型・軽量化を目的に，大型バス初の直列4気筒を搭載する。排気量5.2ℓのいすゞ4HK1-TCH型で，最高出力177kW（240PS），最大トルク735N・m（75kgf・m）を発生。2ステージターボにより低速域から中・高速域までの高過給で運転性能を確保している。排出ガス後処理装置はDPD，尿素SCRシステムを併用する。トランスミッションはいすゞ製6速AMTとアリソン製6速ATの2種類で，全車2ペダル化されている。このうちAMTは微速走行にも適したクリープ機能も持つとともに手動変速も可能で，オートニュートラル（扉の開閉操作により動力の断

〈排出ガス規制記号2PG-，2DG-は2020年6月以前の登録車〉

Isuzu Erga (LV)/Hino Blue Ribbon (KV): Second generation model of Isuzu Erga large-size city bus was introduced in 2015. Wheelbase variants are 5.3m and 6m. Along with discontinuing the one-step model and concentrating on the low entry model, the model can be characterized for its wide low floor area owing to its lengthened wheelbase. The engine has been changed from L6 to 5.2 liter L4. MT has been discontinued, with both Isuzu's 6-speed AMT and Allison's 6-sped AT being offered. Blue Ribbon is the same as the Erga and is being offered by Hino, with same variants. The models passed the 2016 emission regulations in 2017. They also offer a low entry transfer bus with the front door layout which can be fitted with the maximum of 12 rows of seats. (refer to page 48)

いすゞエルガ　短尺AT車
2DG-LV290N3（東京都交通局）

↑いすゞエルガ　短尺AT車　2KG-LV290N3（近鉄バス，Sk）
←N尺・都市型の車内. 定員79人

接を自動で行う機構）を装備，永久磁石式リターダをオプション設定する。またATは標準仕様と燃費重視型の2種類のシフトマップを用意，オプションでAT内蔵式の流体式リターダを設定する。2020年6月には全車が平成27年度重量車燃費基準を達成したが，これはAT車へのモメンタリースイッチ（エンジン再始動時にアイドリングストップ＆スタートシステムが有効な設定になる装置）の採用による。

このほかBOA（ブレーキ・オーバーライド・アクセラレーター）

の標準装備，高度OBDへの対応を図るとともに，車内灯・車外灯にはすべてLED式を採用，冷房装置は全車デンソー製である。なお2020年6月の改良の際，感染症に対する運転席周りの飛沫防止用品がジェイ・バスから発売された。

【販売価格例＝エルガ・N尺都市型・6速AMT：2,758万3,600円，ブルーリボン・N尺都市型・6速AT：2,889万1,500円】

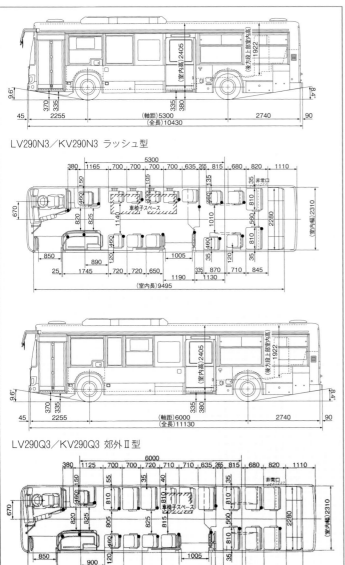

LV290N3／KV290N3 ラッシュ型

LV290Q3／KV290Q3 郊外II型

エルガ（LV）／ブルーリボン（KV）型式一覧（48ページの前扉仕様も共通）

	ホイールベース	5,300mm	6,000mm
14トン超16トン以下	AMT車	2TG-LV/KV290N3	2TG-LV/KV290Q3
14トン超16トン以下	AT車	2RG-LV/KV290N3	2RG-LV/KV290Q3
12トン超14トン以下	AMT車	2KG-LV/KV290N3	2KG-LV/KV290Q3
12トン超14トン以下	AT車	2KG-LV/KV290N3	2KG-LV/KV290Q3

2代目エルガ／ブルーリボンの変遷

2015. 8	2代目エルガ(路線系)発売，ノンステップに集約，全車2ペダル化《QDG-，QKG-，QPG-，QRG-》
2015. 9	ブルーリボンIIを改称したブルーリボン発売《同》
2017. 8	平成28年規制適合《2TG-，2PG-，2KG-，2DG-》
2019. 6	EDSS，BOAなど装備，高度OBDに対応（型式末尾3に変更）
2020. 6	AT車が燃費改善《2RG-，2KG-》

■諸元表

車　　名		いすゞエルガ(LV)／日野ブルーリボン(KV)	
型　　式		2RG-LV／KV290N3	2TG-LV／KV290Q3
床形状・仕様		ノンステップ・都市型	
扉位置		前中扉	
乗車定員	（人）	79	87
全　　長	（mm）	10,430	11,130
全　　幅	（mm）	2,485	2,485
全　　高	（mm）	3,045	3,045
ホイールベース	（mm）	5,300	6,000
トレッド（前／後）	（mm）	2,065/1,820	2,065/1,820
最低地上高	（mm）	130	130
室内寸法（長）	（mm）	9,495	10,195
〃 （幅）	（mm）	2,310	2,310
〃 （高）	（mm）	2,405	2,405
車両重量	（kg）	9,770	9,930
車両総重量	（kg）	14,115	14,715
最小回転半径	（m）	8.3	9.3
エンジン仕様		直4・TI付	
エンジン型式		4HK1-TCH	
総排気量	（cc）	5,193	
最高出力	（kW/rpm）	177(240PS)/2,400	
最大トルク	（N·m/rpm）	735(75kgf·m)/1,400〜1,900	
変速機		6速AT	6速AMT
変速比	①／②	3.486/1.864	6.615/4.095
	③／④	1.409/1.000	2.358/1.531
	⑤／⑥	0.749/0.652	1.000/0.722
終減速比		6.500	
重量車モード燃費(km/ℓ)		4.70	4.90
ステアリング型式		インテグラル式パワーステアリング付	
サスペンション型式(前/後)		車軸式空気ばね	
主ブレーキ		空気式	
補助ブレーキ		排気ブレーキ	
タイヤサイズ		275/70R22.5 148/145J	
燃料タンク容量	（ℓ）	160	

大型路線車

三菱ふそうエアロスター

三菱ふそうエアロスターノンステップ　短尺車　2PG-MP38FK（阪急バス）

エアロスターは三菱ふそうバス製造（MFBM）が製造する大型路線バスである。エンジン縦置きを基本とするふそう大型路線車MPシリーズの第3世代で，1984年に登場した「エアロスター」のネーミングでは2代目にあたる。2代目エアロスターは1996年に発売され，翌1997年に国産市販バス初のノンステップバスを加えた。2014年に全車メジャーチェンジを行い，フロントマスクの変更，ノンステップバスのホイールベース延長などを行った。現行モデルは2017年10月に発売された平成28年排出ガス規制適合のノンステップバスとワンステップバスで，2019年9月に高度OBDへの対応，ドライバー異常時対応システムEDSSの標準装備など改良を図った。

バリエーションはノンステップバスがホイールベース2種類，ワンステップバスが同3種類。基本仕様はノンステップが都市型ラッシュ仕様と郊外型，ワンステップが都市型である。ノンステップバスはワンステップをベースとする「ローエントリー」で2009年に登場したが，2014年の大幅な改良に際し，国産大型バスでは初めて樹脂製燃料タンクを採用して左前輪タイヤハウス後方に設置した。またノンステップバスのホイールベースを短尺で195mm，長尺で250mm延長した。これらにより，優先席の前向き化とノンステップフロアの拡大を実現した。さらに燃料タンクの形状変更に伴い給油口が高い位置に改まり，給油時の疲労軽減にもつながっている。

エンジンはかつて販売された9m車MM用をベースにする直6，排気量7.5ℓの6M60（T6）型199kW（270PS）を搭載。排出ガス後処理装置は再生制御式DPFと尿素SCRシステム（メーカー呼称：ブルーテック）を併用している。トランスミッションは全車が6速AT（アリソン製）に統一されている。これは小排気量エンジンゆえの低速トルク不足をカバーし，運転操作性の向上，メンテナンスコストの

三菱ふそうエアロスターの略歴（2009年以降）
2009. 4	ワンステップベースの前中扉間ノンステップバス発売《PKG-》
2010. 5	平成21年規制適合車発売，全車AT化《LKG-》
2012. 4	新保安基準・新ワンマンバス構造要件に適合および各部改良《QKG-，ツーステップ自家用の補助席付仕様はQDG-》
2014. 5	マイナーチェンジ，フロントスタイル一新，各部改良，ノンステップバスはホイールベース延長《QKG-》
2016. 2	2015年ノンステップバス標準仕様に認定
2017.10	平成28年規制に適合《2PG-，2KG-》，自家用ツーステップ中止
2019. 9	EDSS，LEDテールランプ装備，高度OBDに対応

Mitsubishi Fuso Aero Star: The city bus is the second generation of Aero Star which had been introduced in 1996. The first mass produced low floor bus in Japan was added to the line-up in 1997, but the low floor has been to low entry since then. The model received extensive revisions in 2014, with the wheelbase being lengthened on the low entry variant for wider low floor space. Since 2011, the model has been powered by 7.5 liter L6 engine combined with Alison's 6-speed AT. When the model passed 2016 emission regulations in 2017, two-step variant for private was discontinued. Variants offered are low entry (2 wheelbase variants) and one-step (3 wheelbase variants). Emergency Driving Stop System (EDSS) was added in 2019.

三菱ふそうエアロスターワンステップ　中間尺車
2PG-MP35FM（濃飛乗合自動車，Ya）
冷房機器は三菱重工製

エアロスター型式一覧（＊はアイドリングストップシステム自動戻り装置付）

ホイールベース	4,995mm	5,550mm	
ノンステップ（＊）	2PG-MK38FK	2PG-MK38FM	
ノンステップ	2KG-MP38FK	2KG-MP38FM	

ホイールベース	4,800mm	5,300mm	6,000mm
ワンステップ（＊）	2PG-MP35FK	2PG-MP35FM	2PG-MP35FP
ワンステップ	2KG-MP35FK	2KG-MP35FM	2KG-MP35FP

低減などをねらったもの。このATはシフトマップが3種類用意され，路線環境などに応じて選択できる。また冷房装置は標準でデンソー製，オプションで三菱重工製を設定する。全車が平成27年度重量車燃費基準を達成するが，燃費および排出ガス規制記号はエンジンアイドリングストップ装置（ISS）の仕様により異なり，自動戻り装置付ISS装備が燃費4.45km/ℓで2PG-，手動切替式ISS装備が燃費4.30km/ℓで2KG-となる。

装備面では国産バスで初めて反転式の車椅子用スロープ板を標準採用，車椅子利用者への迅速な対応を実現するとともに乗務員の負担を軽減した。運転席周りでは吊り下げ式アクセルペダルを採用，微妙な操作を可能にするとともに運転疲労の軽減につなげている。このほかアクセルの踏み過ぎを検知して加速を抑制し燃費低減を図るECOモードや，加速時などにエアコンのコンプレッサーを一時停止するエアコンECOスイッチなどを備える。また安全装備としてサイドビューカメラ＆液晶モニターを標準装備する。またドライバー異常時対応システムEDSSは，非常時に点滅する車内のLED灯は天井2カ所・右側2カ所・左側1カ所の計5カ所に設置し，視認性を高めている。テールランプ／ストップランプおよびオプション

↑エアロスターノンステップ　短尺車　2PG-MP38FK（西肥自動車，Mo）
↓ノンステップバス短尺車・郊外型仕様の車内（秋葉バスサービス，Ya）

の増灯ストップランプにはLEDを採用する。なお2020年7月には，感染症対策用品として，雨天時に換気のために客席窓を開けても雨が入り込まない「ウィンドバイザー」が設定された。

【販売価格例＝エアロスターノンステップ・K尺都市型：3,059万円，ワンステップ・M尺：2,622万円】

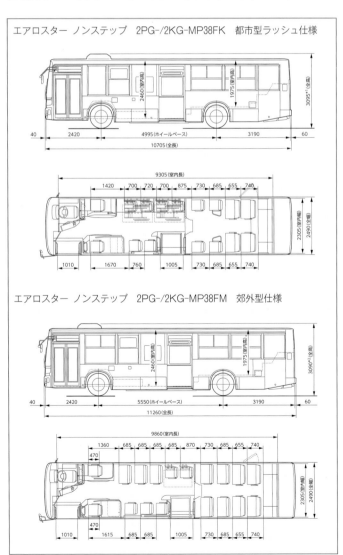

エアロスター ノンステップ 2PG-/2KG-MP38FK 都市型ラッシュ仕様

エアロスター ノンステップ 2PG-/2KG-MP38FM 郊外型仕様

■諸元表

車　名	三菱ふそうエアロスター		
型　式	2PG-MP38FK	2PG-MP38FM	2PG-MP35FP
床形状	ノンステップ都市型	ノンステップ郊外型	ワンステップ都市型
扉位置	前中扉		前中扉（4枚折戸）
乗車定員　　　　（人）	78	80	86
全　長　　　　　（mm）	10,705	11,260	11,450
全　幅　　　　　（mm）	2,490	2,490	2,490
全　高　　　　　（mm）	3,120	3,115	3,125
ホイールベース　（mm）	4,995	5,550	6,000
トレッド（前/後）（mm）	2,065/1,815	2,065/1,815	2,065/1,815
最低地上高　　　（mm）	135	135	165
室内寸法（長）　（mm）	9,305	9,860	10,050
〃　（幅）　（mm）	2,305	2,305	2,305
〃　（高）　（mm）	2,460	2,460	2,270
車両重量　　　　（kg）	10,460	10,730	10,140
車両総重量　　　（kg）	14,750	15,130	14,870
最小回転半径　　（m）	8.3	9.2	9.8
エンジン仕様	直6・TI付		
エンジン型式	6M60(T6)		
総排気量　　　　（cc）	7,545		
最高出力　　（kW/rpm）	199(270PS)/2,500		
最大トルク　（N・m/rpm）	785(80kgf・m)/1,100〜2,400		
変速比　　　　①/②	3.487/1.864		
③/④	1.409/1.000		
⑤/⑥	0.750/0.652（以上AT標準）		
終減速比	6.166		
重量車モード燃費　（km/ℓ）	4.45		
ステアリング型式	インテグラル式パワーステアリング付		
サスペンション型式（前）	車軸式空気ばね		
〃　　　　（後）	車軸式空気ばね		
主ブレーキ	空気油圧複合式		
補助ブレーキ	排気ブレーキ，パワータードブレーキ		
タイヤサイズ	275/70R22.5 148/145J		
燃料タンク容量　　（ℓ）	155		160

43

日野ブルーリボンハイブリッド／いすゞエルガハイブリッド

日野ブルーリボンハイブリッド　2SG-HL2ANBP（京王バス）

　日野のハイブリッドバスは1991年暮から営業運行を開始，その後市販化されたパラレル式のディーゼル—電気ハイブリッドバスHIMR がルーツで，以来エンジンのダウンサイジング，バッテリーの変更（鉛→ニッケル水素），制御系の改良，ボデーの低床化などを図りながら進化を続けてきた。2005年にはノンステップ化に際して名称をHIMRからハイブリッドに変更した。

　現行のブルーリボンハイブリッドは2015年12月にボデー，シャーシー，ハイブリッドシステムとも一新し，HLの型式名で発売された。ボデースタイルは同年フルモデルチェンジされたブルーリボン（ディーゼル車KV＝いすゞエルガの統合モデル）と共通化するとともに，屋根上のバッテリーを小型化して全高を低減。またハイブリッドシステムは，走行中は常時エンジンとモーターを併用した先代に

対し，発進時はモーター駆動のみとなり，モーターの負担比率を高めて燃費を低減している。エンジンはそれまでの直6から直4に換装するとともにモーターを高出力化，さらにエンジン〜モーター間にクラッチを備え，発進時・減速時にはクラッチを切ることでモーターの負荷を減らし高効率な回生を実現している。さらにトランスミッションは日野製の6速AMT "Pro Shift" を搭載し，ドライバーの運転スキルを問わず適切な変速・回生を行うことで好燃費につなげている。

　現行の平成28年排出ガス規制適合車は排気量5.1ℓ，最高出力191kW（260PS）の日野製A05C-K1型エンジンを搭載，重量車モード燃費値は5.5km/ℓで，平成27年度燃費基準＋15％を達成している。このモデルは2018年に「いすゞエルガハイブリッド」としても発売された。エルガハイブリッドの2代目にあたる。初代の同車種は先代エルガノンステップをベースにイートン製ハイブリッドシステムを組み込んだパラレルハイブリッド車であったが，2代目はブルーリボンハイブリッドとの統合により，ボデーの一新と環境性能・燃費性能の向上を図った。型式はベース車のアルファベット末尾をPからDに変更している。なお平成28年規制車は両車種とも2020年6月にドライバー異常時対応システムEDSSを標準装備した。

　ブルーリボンハイブリッド／エルガハイブリッドとも

システム図

ハイブリッド用バッテリー
電動式パッケージクーラー
HINO
Blue Ribbon
ハイブリッドインバーター
直4エンジン
6速AMT
ハイブリッドモーター

ブルーリボンハイブリッド／エルガハイブリッドの変遷	
2015.12	ブルーリボンシティハイブリッドをフルモデルチェンジして発売《QSG-》
2017.8	平成28年規制に適合《2SG-》
2018.4	統合モデルのいすゞエルガハイブリッド発売
2019.6	高度OBDに対応
2020.6	EDSSを標準装備

↗日野ブルーリボンハイブリッド　2SG-HL2ANBP（立川バス，TB）
↑車内仕様はディーゼルのブルーリボン／エルガと同様，都市型，ラッシュ型，郊外Ⅰ型，郊外Ⅱ型がある．写真は郊外Ⅰ型の例で，燃料タンクは右置き仕様（日野ブルーリボンハイブリッド　2SG-HL2ANBP，東日本旅客鉄道／ミヤコーバス）
←運転席周り．トランスミッションは日野製6速AMTを標準搭載，メータークラスターはハイブリッド専用のものを備える（関東バス）

↓いすゞエルガハイブリッド　2SG-HL2ANBD

内外装・装備や足回りなどはディーゼル車（KV/LV）に準じるが，リヤオーバーハングはKV/LVよりも125mm長く，冷房機器はハイブリッド用バッテリーからの電力でコンプレッサーを駆動する電動式パッケージクーラー（デンソー製）を搭載する．またメータークラスターもハイブリッド独自のものを装備する．

【販売価格例＝ブルーリボンハイブリッド・N尺都市型：3,230万1,500円】

Hino Blue Ribbon Hybrid (HL): Hino's hybrid bus which has history dating back to 1991, underwent its first complete model change in 10 years in December of 2015. Along with sharing the body with the new Blue Ribbon (KV), the hybrid system has been replaced by the new generation system which had been experimentally operated for the last 2 years. Combining the straight 4, 5.1 liter engine and the newly developed motor, the vehicle only utilizes the motor when starting. It utilizes Hino's 6-speed AMT.

2SG-HL2ANBP／2SG-HL2ANBD　都市型

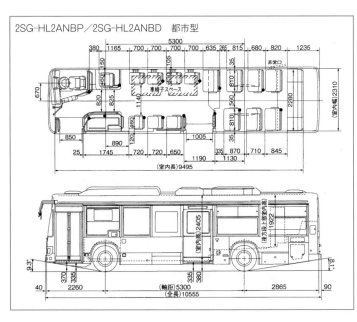

■諸元表

車 名		ブルーリボンハイブリッド／エルガハイブリッド	
型 式		2SG-HL2ANBP/BD	2SG-HL2ASBP/BD
床形状		ノンステップ	
扉位置		前中扉	
乗車定員	(人)	79	87
全 長	(mm)	10,555	11,255
全 幅	(mm)	2,485	2,485
全 高	(mm)	3,105	3,105
ホイールベース	(mm)	5,300	6,000
トレッド(前／後)	(mm)	2,065/1,820	2,065/1,820
最低地上高	(mm)	130	130
室内寸法(長)	(mm)	9,495	10,195
〃 (幅)	(mm)	2,310	2,310
〃 (高)	(mm)	2,405	2,405
車両重量	(kg)	10,190	10,420
車両総重量	(kg)	14,535	15,205
最小回転半径	(m)	8.3	9.3
エンジン仕様／電動機仕様		直4・TI付／交流同期電動機・90kW	
エンジン型式		A05C-K1	
総排気量	(cc)	5,123	
最高出力	(kW/rpm)	191(260PS)/2,300	
最大トルク	(N·m/rpm)	882(90kgf·m)/1,400	
変速比	①/②/③	6.515/4.224/2.441	
	④/⑤/⑥	1.473/1.000/0.702（以上AMT標準）	
終減速比		5.857	
バッテリー		ニッケル水素電池 6.5Ah	
重量車モード燃費値	(km/ℓ)	5.50	
サスペンション型式(前／後)		車軸式空気ばね	
主ブレーキ		空気式	
補助ブレーキ		エンジンリタ―ダ，ハイブリッドリタ―ダ	
タイヤサイズ		275/70R22.5 148/145J	
燃料タンク容量	(ℓ)	160	

トヨタ SORA

トヨタSORA　ZBC-MUM1NAE（東武バスウエスト）

　トヨタSORA（ソ ラ）はトヨタ自動車が2018年3月に発売した燃料電池ハイブリッド（以下FC）バスである。

　トヨタでは長年にわたり，水素の電気化学反応により発電しモーター駆動するFC車の研究・開発を進めるとともに，小型車と並行して，日野自動車と共同で大型バスでの実用化も進めてきた。最初に発表されたFCバスは2001年のFCHV-Bus1で，翌年には発展型のFCHV-Bus2が公道試験走行を開始，さらに改良されたFCHV-BUSが2005年の愛知万博シャトルバスを皮切りに，市街地路線・空港連絡路線などで2013年まで実証運行された。2015年にはそれらの実績を元に開発された先行市販モデルのTFCBが営業運行を開始した。

　SORAはTFCBをベースに使い勝手や耐久信頼性を高めるとともに，デザインも一新，FCバスでは初めて型式認定を得た。心臓部であるFCスタックはFC乗用車MIRAI（初代）用と同じ最高出力114kWを2個搭載，113kWモーター2個を駆動する。駆動用のバッテリーはハイブリッド車と同じくニッケル水素を搭載する。一方ボ

デーは2015年まで販売された日野ブルーリボンシティハイブリッドをベースに，ホイールベースを50cm延長，リヤオーバーハングを50cm短縮し，ノンステップフロアを拡大するとともに，車椅子利用者やベビーカーに対応する横向きのジャンプシートを装備するのも特徴。また中扉は先代のTFCB同様，外吊り式スイングアウトドアを装備している。2019年8月には装備面の充実を図り，ドライバー異常時対応システムEDSSなどの標準装備のほか，ITSコネクト技術を応用した路車間通信システムDSSS，車群情報提供サービス，電波型PTPS，さらに自動正着制御（オプション）を設定した。2020年には改良などは見られなかったが，東京都交通局が予定数の70台まで増備，また首都圏の民営バスでも採用が相次ぎ，登録台数は90台に近づいた。

Toyota Sora：Sora is the first genuine fuel cell bus offered on the market which was introduced in 2018 after approximately 20 years of Toyota's development and experimental operations of the fuel cell bus. The model is equipped with 2 FC stacks（114kW）which are used on the fuel cell passenger automobile Mirai which drives the 2 113kW motors. The body is based on the Blue Ribbon Hybrid which had been manufactured by their subsidiary Hino until 2015, but the wheelbase has been extended and rear overhang shortened to improve on board comfortability. Exterior has been completely changed to achieve an original design, and has a swing out middle door which is a first for the domestic bus.

高圧水素タンク：燃料の水素を貯蔵する，世界トップレベルの貯蔵性能（5.7wt%）を誇る軽量・小型のタンク。公称使用圧力は70MPa（約700気圧）

FCスタック：トヨタ初の量産型燃料電池。小型化と世界トップレベルの出力密度を実現。体積出力密度3.1kW/ℓ，最高出力114kW（155PS）×2

主要コンポーネント

モーター：FCスタックで作られた電気と駆動用バッテリーからの電気により駆動する。最高出力113kW（154PS）×2，最大トルク335N・m（34.2kgf・m）×2

■諸元表

車　　名		トヨタSORA
型　　式		ZBC-MUM1NAE
乗車定員	（人）	79（客席22＋立席56＋乗務員1）
全　　長	（mm）	10,525
全　　幅	（mm）	2,490
全　　高	（mm）	3,350
モーター仕様		交流同期電動機
〃　最高出力	（kW）	113（154PS）×2
〃　最大トルク	（N・m/rpm）	335×2
FCスタック		トヨタFCスタック（固体高分子形）
〃　最高出力	（kW）	114（155PS）×2
高圧水素タンク本数		10本（公称使用圧力70MPa）
〃　タンク内容積	（ℓ）	600
駆動用バッテリー		ニッケル水素
外部電源供給能力		9kW/235kWh
サスペンション型式（前後共）		車軸式空気ばね

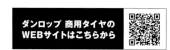

BYD　K9／K8／K7RA／J6／C9

BYD K9（富士急バス）

　BYDは中国の電気自動車並びに充電池のメーカーで，現在は世界200都市に5万台を超える電気バスを出荷している。これらの中にはシャーシーのみ出荷し，現地製のボデーを架装する例も少なくない。日本では2015年に京都のプリンセスラインが大型路線バスK9を初めて採用した。2020年末現在，日本にはK9のほか，全長9mクラスの路線バスK7RA，全長7mの小型路線バスJ6，12mハイデッカー観光バスC9の4車種が導入されているほか，2020年12月には2021年に全長10.5mの大型路線バスK8が加わることが告知された。なお国内販売はBYDの日本法人，BYDジャパンが行う。

●K9

　大型路線バスK9は全長12m・全幅2.5mと，日本国内規格では最大寸法のボデーのローエントリーシティバスである。総アルミ製ボデーにより電気バスにふさわしい軽量化を図っている。駆動用モーターはスペース効率に優れたインホイール式で定格出力150kW（75kW×2），最高速度70km/hである。バッテリーはBYD製リン酸鉄リチウムイオンを総容量324kWh搭載し，一充電航続距離は最大250kmである。2020年12月末現在，プリンセスラインで7台，沖縄シップ

スエージェンシーで12台，岩手県交通で2台，富士急バスで3台，協同バスで1台，ハウステンボスで5台，全日空で1台（自動運転実験用）が使用されている。

●K7RA

　K7RAは大型車幅・全長9.48mのローエントリー構造の電気バスで，定員40人，一充電航続距離は最大180kmである。このモデルは2019年に会津乗合自動車が，国立公園尾瀬の環境保全を目的に3台採用し，オフシーズンには会津若松市内で運行している。

●J6

　J6は2020年に発売された全長6.99m・全幅2.08mの小型バスで，床面は最後席部分を除きフルフラット構造を備えている。国産の小型ノンステップバスをベンチマークに開発された日本向けの電気バスで，モーター定格出力は100kW，充電時間は3時間以内で一充電航続距離は最大150kmである。車内仕様と定員は都市型Ⅰ：31人，都市型Ⅱ：29人，郊外型：25人，都市型Ⅱプラス：29人の4種類がある。2020年12月末現在，東京・上野動物園の送迎用で1台，ハウステンボスの園内バスで5台が使用されている。また2020年の一時期，J6のプロトタイプというべきモデルが長野県東御市の実証実験で使用された。

●K8

　K8は2020年12月に発表された全長10.5mの大型路線バスで，同サイズが主力を占める日本市場に向けて投入を図るもの。モーター定格出力は150kW（75kW×2），一充電航続距離は最大220kmである。車両重量は12トン未満を達成し，車内仕様と定員は都市型Ⅰ：81人，都市型Ⅱ：77人，郊外型：75人と，国産ディーゼルバスに匹敵する収容力を備える点も特徴で

BYD C9（伊江島観光バス）

BYD J6．2020年に発売された日本市場向け小型電気バスで，定員25〜31人．車内は都市型の例（市販1号車の上野動物園納入車）

ある．既に発表された税別価格例は3,850万円，また販売目標台数は2025年までに2,000台とされている．

●C9

C9は全長12m×全幅2.5m×全高3.52mのフルサイズハイデッカー電気バスで，モーター定格出力は360kW（180kW×2）と，シティバスに対して大幅に引き上げられ，最高速度100km/hである．一充電航続距離は250km，出力40kW×2の充電器により3〜3.5時間で満充電となる．フロントアクスルはZF製，ブレーキは前後とも電子制御ブレーキ（EBD）で構造はディスクである．現在，伊江島観光バスで2台が稼働する．

BYD City bus：BYD a major Chinese manufacturer of electric buses which entered the Japanese market in 2015, currently offers K9 with the overall length of 12m, K7RA with the overall length of 9m, and J6 with the overall length of 7m, respectively. In 2021, they are planning on introducing K8 with the overall length of 10.5m which is the mainstream of Japanese city buses. Of these models, more than 30 units of K9, the low entry bus with the maximum length allowed under Japanese regulations which can be operated for 250 km per charge, have been registered. 3 units of the short wheelbase variant. K7RA, are being operated as shuttle buses at a national park. J6 introduced in 2020 is a model for the Japanese market having been developed with Hino Poncho as the benchmark, and can be operated for 200km per charge. Passenger capacity of K8 is between 77 to 81 and can be characterized as being not much different from that of domestic diesel buses. With the announced price of 38,500,000 yen（excluding tax）, it is relatively inexpensive for an electric bus. BYD C9：Full-sized 12m high decker with sightseeing layout which boast a top speed of 100km/h. 2 units are being operated in Okinawa Prefecture.

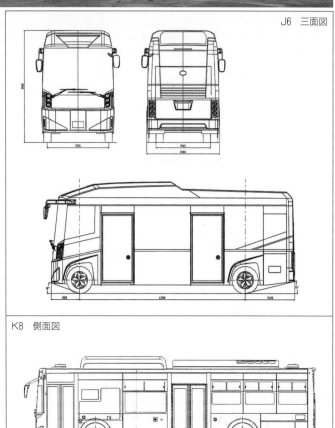

J6 三面図

K8 側面図

■諸元表

車　　名		K9	K8	K7RA	J6	C9
仕　　様		12m・ノンステップ	10.5m・ノンステップ	9.5m・ノンステップ	7m・ノンステップ	12m・ハイデッカー
乗車定員	（人）	56	81	40	31	51
全　　長	（mm）	12,000	10,500	9,485	6,990	12,000
全　　幅	（mm）	2,500	2,500	2,500	2,080	2,500
全　　高	（mm）	3,400	3,360	3,370	3,060	3,520
ホイールベース	（mm）	6,100	5,500	4,450	4,760	6,350
車両重量	（kg）	13,460	11,850	11,000	6,220	14,090
車両総重量	（kg）	16,540	16,305	13,200	7,925	16,895
最小回転半径	（m）	12	9.3	7.5	7.9	12
モーター定格出力	（kW）	75×2	75×2	75×2	100	180×2
駆動バッテリー				BYD製リン酸鉄リチウムイオン		
バッテリー容量	（kWh）	324	287	217	105.6	311
充電方式		AC仕様	AC仕様／CHAdeMO	AC仕様	AC仕様／CHAdeMO	AC仕様
一充電最大航続距離	（km）	250	220	180	150	250
最高速度	（km/h）	70	70	70	70	100
主ブレーキ（前後共）				空気式		
補助ブレーキ				回生ブレーキ		
タイヤサイズ（前後共）		275/70R22.5	275/70R22.5	275/70R22.5	215/70R17.5	295/80R22.5

オノエンスターEV

Onoen Star Electric Bus: Ono Engineering which has been importing sightseeing buses manufactured by Yaxing of China is scheduled to introduce Yaxing's electric buses to the domestic market in 2020. 3 variants, the large-size buses with overall lengths of 10.5m and 9m, respectively, along with the 7m long small-size bus will be offered.The 10.5 m model can be operated for 300 km per charge.The 9 m model and 7m model can be operated for 200km per charge.

オノエンスターEV 10.5m車

オノエンスターEVは自動車整備・輸入販売を行う東京のオノエンジニアリングが2020年に発売した，中国・ヤーシン（揚州亜星）製の電気シティバスである。2016年に国内発売された同社製の大型車幅・全長8m観光車に続くオノエンスターの第2弾で，全長10.5mの大型ノンステップバス，大型車幅・全長9mのミディサイズのノンステップバス，全長7mの小型ノンステップバスの3種類をラインアップする。いずれもサイズや軸重などは日本の法規に準拠しているが，このうち7m車は国産の同クラスよりも全幅の広い2.26mで，居住性に優れるほか，扉の数は2扉と1扉を設定する。

モーターの最高出力は10.5m車が215kW，9m車と7m車は155kW。また駆動用バッテリーはリチウムイオンで，世界的なバッテリーサプライヤーの一つである中国CATL製である。充電装置

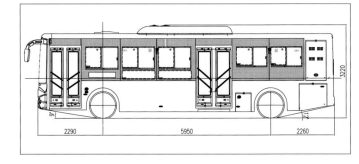

はCHAdeMO規格に準拠しており，一充電当たりの航続距離は10.5m車が約300km，9m車と7m車は各々約200kmである。ボデー仕様や装備品などはニーズに応じてカスタマイズが可能である。なおオノエンジニアリングでは2020年春，オノエンスターEVの発売に先がけて同じヤーシン製のボンネットタイプ電気バス2台を国内導入し，埼玉県のイーグルバスに観光路線用として納入した。

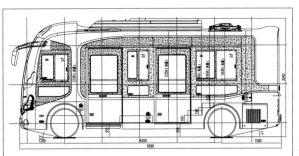

オノエンスターEV 7m車

■諸元表

車　　名		オノエンスターEV	
仕　　様		10.5m・ノンステップ	7m・ノンステップ
型　　式		JS6108GHBEV	JS6690GHBEV
乗車定員	（人）	81	37
全　　長	（mm）	10,500	6,990
全　　幅	（mm）	2,500	2,260
全　　高	（mm）	3,210	3,040
ホイールベース	（mm）	5,950	4,200
車両重量	（kg）	10,750	6,130
車両総重量	（kg）	15,205	8,165
モーター型式		MD100F	MD80-1
最高出力	（kW）	215	155
最大トルク	（N·m）	2,300	1,650
駆動バッテリー		水冷リチウムイオンバッテリー（CATL社製）	
制御方式		DC/DCコンバーター，DC/ACコンバーター，CAN通信，BMS	
充電方式		GB/T（CHAdeMO）	
バッテリー電圧	（kWh）	242.3（1C3G）	95.3（1C2G）
	（V/AH）	531.3/456	550.6/173
一充電航続距離（概算）(km)		300	200
最高速度	（km/h）	80	80
ステアリング型式		電動パワーステアリング（BOSCH製）	
サスペンション型式		前：独立懸架式空気ばね／後：車軸式空気ばね	
主ブレーキ		空気式，前後ディスク（WABCO EBS＋ESC）	
補助ブレーキ		回生（駆動モーター発電）	
タイヤサイズ（前後共）		275/70R22.5	215/75R17.5

アルファバス　ECITY　L10

アルファバス　ECITY L10

　アルファバスは中国・江蘇省に本社を置くバスメーカーで，1996年のトヨタコースターの中国市場導入を皮切りにバス事業に参入，2000年代にはスペインのバスビルダーINDCARやIVECOからボデー技術を，日野自動車からシャーシー技術を学ぶなどして技術を磨き，さらにスカニアと技術協力関係を確立した。2019年現在，年間約1,000台の電気バスを生産し中国市場のほかEUなどに輸出する。

　ECITY　L10は2019年11月の「第5回バステクin首都圏」で初公開，2020年から市場展開する日本向けの大型電気シティバスで，右ハンドル，非常口設置，全幅2.5m，後軸重10トン未満などの日本の道路運送車両法保安基準に適合している。国内のシティバスの主力サイズである全長10.5mボデーで，ワンマンバス構造要件をすべて満たしているほか，ワンマン機器を含めて国内仕様の装備品に対応，さらにウインカーレバーは国産車と同じ右配置であるなど，二次架装や大幅な手直しの必要なく運行開始できる特徴を備えている。

　ボデーはアルミ製で定員例は76人（うち客席数23）の前中扉間ノンステップバスである。駆動系は210kWモーターを搭載，296kWhのリチウムイオンバッテリーにより一充電航続距離は約240km，ま

た充電設備はCHAdeMOに対応する。日本では，アルファバス，電子機器販売のエクセル，バスボデー整備・バス機器販売のヴィ・クルーの3社合弁によるアルファバスジャパンが取り扱う。なお2020年秋には市販1号車が四国電力に送迎用と新技術開発の実証を兼ねて納入された。

Alfa Bus ECITY L10: Alfa Bus is a manufacturer that grew in the 2000's by receiving technological assistance from European and Japanese manufacturer of large-size vehicles, and presently offer electric buses to markets around the world. They will introduce the large-size electric route bus ECITY L10 which had been developed to pass the Japanese vehicle and one- man operation regulations to the Japanese market in 2020. The body is low entry, with overall width, weight per axle, and emergency exit that can pass the Japanese regulations. The vehicle can also be equipped with Japanese components. The model can be operated for 240km per charge.

定員76人の車内。メーカー標準で国産シティバスに準じたワンマン機器などを設定し，大掛かりな二次架装をすることなく営業に使用できるのも特徴

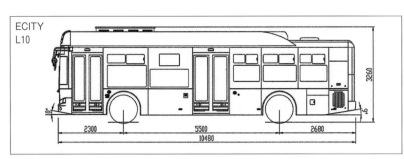

■諸元表

車　名		ECITY　L10
仕　様		ノンステップ
乗車定員	（人）	76
全　長	（mm）	10,480
全　幅	（mm）	2,485
全　高	（mm）	3,260
ホイールベース	（mm）	5,500
トレッド（前／後）	（mm）	2,085/1,855
車両重量	（kg）	11,800
車両総重量	（kg）	15,485
モーター仕様		永久磁石式・三相同期
最高出力	（kW）	210
最大トルク	（N·m）	2,600
駆動用バッテリー		三元リチウムイオン・296kWh
一充電航続距離	（km）	240
充電規格		CHAdeMO 2.0準拠
最高速度	（km/h）	70
サスペンション型式（前）		独立懸架式空気ばね
〃　　　　　（後）		車軸式空気ばね
主ブレーキ		空気式，前後ディスク
補助ブレーキ		回生
タイヤサイズ（前後共）		275/70R22.5

ECITY L10

2300　5500　2680
10480
3260

いすゞエルガデュオ／日野ブルーリボンハイブリッド連節バス

日野ブルーリボンハイブリッド連節バス　KX525Z1（ジェイアールバス関東）

エルガデュオとブルーリボンハイブリッド連節バスは，いすゞと日野の共同開発により2019年5月に発売された国産連節バスである。国内では東京オリンピック・パラリンピックへの対応も視野に，都内ではバスによる大量輸送の計画が進むとともに，近年は全国各地でドライバー不足も踏まえた輸入連節バスの導入が見られる。国産連節バスはこうしたニーズに対応するもので，エンジン・シャーシーを含めた国産化は初であるとともに，ハイブリッドシステムの採用も初めてである。製造はジェイ・バス宇都宮工場が担当する。

ボデーは全長18m・全幅2.5mで，エルガ／ブルーリボンをベースに，フロントに独自のデザインを盛り込んでいる。前車体はフルフラットノンステップ，後車体は扉から後方を2段上げしており，定員は120人である。駆動系はブルーリボンハイブリッドで実績のある日野製パラレル式ハイブリッドシステムを搭載するが，車両重量の増加に伴いエンジンはベース車の4気筒から6気筒に変更されており，大型観光車セレガに準じた排気量9ℓのA09C-K1型（265kW）を搭載し，日野製7速AMTを組み合わせる。駆動用のニッケル水素バッテリー，90kWモーター（交流同期電動機）はブルーリボンハイブリッド／エルガハイブリッドと共通である。アクスルは3軸ともZF製で，電子制御ブレーキシステムEBSの採用に伴い総輪ディス

クブレーキを備える。前後車体は独ヒューブナー製のターンテーブルで結合され，後退時は連節角度に応じてエンジントルクを制限するほか，屈曲角度が過大になり安全性が損なわれそうになった場合は非常ブレーキを作動させる。機動性にも優れ，最小回転半径は9.7mと，エルガ／ブルーリボン長尺車の＋0.4mに抑えられている。今後はプラットホーム正着制御技術・車間距離維持システムなどの搭載が予告されている。なお連節バスは道路運送車両法の保安基準の上限12mを超えているため，運行には基準緩和や道路管理者・警察等の許可が必要だが，本車は国産のため全幅や非常口の設置などは保安基準に適合しており，基準緩和の範囲は輸入車より少なくて済む。2020年12月現在，いすゞ3台，日野5台が営業車として登録されている。【販売価格例（税別）＝エルガデュオ：8,780万円，ブルーリボンハイブリッド連節バス：8,800万円】

Isuzu Erga Duo/Hino Blue Ribbon Hybrid Articulated Bus:With the upcoming 2020 Tokyo Olympics and to answer the need to secure transportation in face of driver shortage, Erga Duo/Hino Blue Ribbon Hybrid Articulated Bus are the first articulated buses with both domestic bodies and chassis. The models utilize the hybrid powertrain of Hino, and are powered by Hino's 9 liter engines with the output of 265kW. The models utilize ZF transmissions as well as Hubner's turntables. Passenger capacity is 120, with the minimum turning radius of 9.7m.

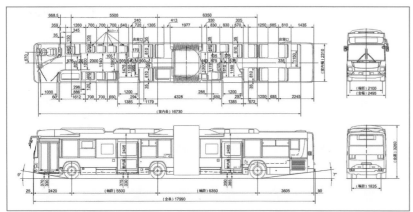

■諸元表

型　式		いすゞLX525Z1／日野KX525Z1
仕　様		都市型・全扉乗降式仕様
乗車定員	（人）	客席36＋立席83＋乗務員1＝120
全　長	（mm）	17,990
全　幅	（mm）	2,495
全　高	（mm）	3,260
ホイールベース	（mm）	5,500／6,350
トレッド	（mm）	第1軸2,100／第2軸1,835／第3軸1,835
最低地上高	（mm）	135
室内寸法	（mm）	長16,730／幅2,310／高2,405
車両重量	（kg）	18,025
車両総重量	（kg）	24,625
最小回転半径	（m）	9.7
電動機仕様・出力		交流同期電動機　90kW
エンジン仕様		直6・TI付
エンジン型式		A09C-K1
総排気量	（cc）	8,866
最高出力	（kW/rpm）	265（360PS）／1,800
最大トルク	（N・m/rpm）	1,569（160kgf・m）／1,100～1,600
変速比	①／②／③／④	6.230／4.421／2.452／1.480
〃	⑤／⑥／⑦	1.000／0.761／0.595（AMT標準）
終減速比		6.190
ハイブリッド用バッテリー		ニッケル水素　6.5Ah
サスペンション型式		車軸式空気ばね（3軸共）
主ブレーキ		空気式・ディスク
補助ブレーキ		エンジンリターダ＋ハイブリッドリターダ
駐車ブレーキ		空気式・車輪制動形
タイヤサイズ（第1・第2軸共）		275/70R22.5 148/145J
〃　　（第3軸）		275/80R22.5 151/148J
燃料タンク容量	（ℓ）	250

メルセデス・ベンツ シターロG

メルセデス・ベンツ シターロG（西鉄バス北九州）

　シターロはダイムラーが1997年に発売したシティバスで，世界各地で活躍が見られる。日本には2008年から連節バスのシターロGが輸入され，全幅や後軸重などの規制緩和を受けたうえで，2016年までに5事業者に31台が導入された。日本への輸入にあたっては，ダイムラーグループの三菱ふそうトラック・バスが必要に応じて輸入業務や国内向けの仕様変更などを担当してきたが，2016年10月からはユーロⅥ適合車が正式な商品として三菱ふそうトラック・バスにより販売されており，現在までの稼働台数は33台である。

　このモデルはそれまで輸入されてきたシターロGを2011年にモデルチェンジした，第2世代の右ハンドル仕様で，外観は躍動的なウインドーグラフィックが特徴である。エンジンの搭載方法を縦置きに変更した関係で，全長は先代の18mから若干延びた18.175mとなった。定員は標準的な119人仕様のほか，シートアレンジにより最大160人まで設定できる。エンジンは排気量10.7ℓのOM470型（265kW）を搭載，フォイト製4速ATを組み合わせる。このほか車両挙動制御装置や連節部ターンテーブル制御などにより，安全な走行を実現している。

　なおメンテナンスは三菱ふそうのサービスネットワークが対応，また運行にあたっては規制緩和申請が必要である。

西鉄バス北九州の車内．定員128人

車　　名		メルセデス・ベンツ シターロG
床 形 状		ノンステップ
全　　長	(mm)	18,175
全　　幅	(mm)	2,550
全　　高	(mm)	3,120
ホイールベース	(mm)	第1～2軸：5,900，第2～3軸：5,990
車両重量	(kg)	16,785
最小回転半径	(m)	9.6
エンジン仕様		直6・TI付
エンジン型式		OM470
総排気量	(cc)	10,700
最高出力	(kW/rpm)	265(360PS)/1,800
最大トルク	(N・m/rpm)	1,700/1,100
変 速 機		4速AT

↑諸元表（仕様例）

シターロG　左ハンドル仕様の例

Mercedes Benz Citaro G: 31 units of the previous version of Citaro G articulated buses have been delivered to Japan with the support of Mitsubishi Fuso, a member of the Daimler Group. Starting from October of 2016, the present version has officially been added to the line-up of Mitsubishi Fuso's. The right hand drive model that has passed the Euro VI regulations is powered by OM470 engine with the output of 265kW. To operate the model, it is necessary to deregulate the overall length and width as well as weight per axle, just like the previous model.

大型車

いすゞエルガ／日野ブルーリボン〈前扉仕様〉

いすゞエルガ 前扉仕様　2TG-/2RG-LV290Q3

➡乗降口と通路前半がノンステップの車内

　エルガ／ブルーリボン〈前扉仕様〉は2017年，同路線系の平成28年排出ガス規制適合を機に追加されたバリエーションで，先代エルガ／ブルーリボンⅡ〈自家用ツーステップ〉のフルモデルチェンジ車である。主として送迎用を謳っており，衝突被害軽減ブレーキは備えないため高速道路の走行には対応しない。

　車体構造は路線系と共通で，前扉〜後輪前方間の通路をノンステップ，シート部を段上げすることで乗降性と居住性を両立している。燃料タンクは左床下に配置される。2種類のホイールベース（N尺：5.3mとQ尺：6m），直4・排気量5.2ℓの177kWエンジンと6速AMTまたは6速ATの組み合わせも路線系に準じている。なおAMT・ATともリターダがオプション設定されるが，QVW14トン以上のAT車には標準装備される。定員例はN尺が11列・補助席付72人，Q尺が12列・補助席付78人，同補助席なし84人など。装備面では荷物棚などを標準装備，ドライバー異常時対応システムEDSSなどをオプション設定する。2020年には路線系と同様にAT車の燃費改善を図り，全車が平成27年度燃費基準を達成した（型式一覧は39ページ参照）。

■諸元表

車　名		いすゞエルガ(LV)／日野ブルーリボン(KV)前扉仕様	
型　式		2KG-LV/KV290N3	2TG-LV/KV290Q3
床形状		ノンステップ	
仕　様		立席・補助席付	
乗車定員	(人)	72	78
全　長	(mm)	10,430	11,130
全　幅	(mm)	2,485	2,485
全　高	(mm)	3,045	3,045
ホイールベース	(mm)	5,300	6,000
トレッド(前／後)	(mm)	2,065/1,820	2,065/1,820
最低地上高	(mm)	130	130
室内寸法(長)	(mm)	9,495	10,195
〃　(幅)	(mm)	2,310	2,310
〃　(高)	(mm)	2,405	2,405
車両重量	(kg)	9,640	9,760
車両総重量	(kg)	13,600	14,050
最小回転半径	(m)	8.3	9.3
エンジン仕様		直4・TI付	
エンジン型式		4HK1-TCH	
総排気量	(cc)	5,193	
最高出力	(kW/rpm)	177(240PS)/2,400	
最大トルク	(N・m/rpm)	735(75kgf・m)/1,400〜1,900	
変速機		6速AT	6速AMT
変速比	①/②	3.486/1.864	6.615/4.095
	③/④	1.409/1.000	2.358/1.531
	⑤/⑥	0.749/0.652	1.000/0.722
終減速比		6.500	
重量車モード燃費	(km/ℓ)	5.20	4.90
ステアリング型式		インテグラル式パワーステアリング付	
サスペンション型式	(前／後)	車軸式空気ばね	
主ブレーキ		空気式	
補助ブレーキ		排気ブレーキ	
タイヤサイズ		275/70R22.5 148/145J	
燃料タンク容量	(ℓ)	160	

いすゞエルガ LV290Q3　定員78人仕様

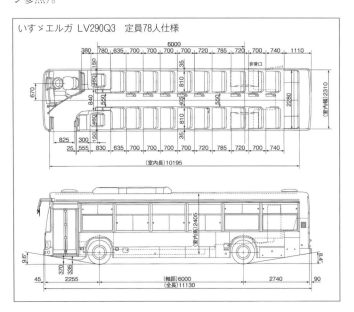

日野セレガ／いすゞガーラ

日野セレガ ハイデッカ　2TG-RU1ASDA（東京バス，AN）

日野セレガ／いすゞガーラは日野といすゞのバス事業統合により，2005年にデビューした，セレガR（初代セレガの改良型）と初代ガーラのフルモデルチェンジ車である。基本的な開発並びにエンジン・駆動系・足回りは日野が担当し，いすゞは電子制御サスペンションなど一部を担当した。全車ジェイ・バス小松工場で製造されている。発売以来数次の改良が加えられており，現行モデルは2017年発売の平成28年規制適合車である。2018年には前年9m車で先行したAMTを12m車にも搭載するとともに，商用車初のドライバー異常時対応システムEDSSを標準装備した。さらに2019年7月には高度OBDへの対応のほか，EDSSを自動検知式に改めた。

両車種とも12mスーパーハイデッカー（セレガスーパーハイデッカ／ガーラSHD），12mハイデッカー（セレガハイデッカ／ガーラHD），9mハイデッカー（セレガハイデッカショート／ガーラHD-9）の各々3種類。これらはボデーパーツの共通化などを目的にモ

ジュール設計されている。12m車は貸切用，高速路線用（昼行／夜行。スーパーハイデッカーは夜行のみ），同・車椅子乗降用リフト付などのほか，装備を基本的な内容にとどめた廉価仕様（セレガリミテッドエディション／ガーラVP）がある。またジェイ・バス特別仕様で最後部の大型化粧室が設定されている。一方9m車は貸切用のみで，8列の一般観光のほか，1列サロン／2列サロン，車椅子乗降用リフト付などがある。なおリフト付仕様車は，安全性の向上や昇降時間の短縮を図った新型リフトを2017年から採用する。

エンジンはすべて日野製で，12m車は直6・排気量9ℓ・265kW（360PS）のA09C-UV〈AT-Ⅷ〉型と，同・排気量13ℓ・331kW（450PS）のE13C-AE〈ET-ⅩⅥ〉型の2種類。このうちA09Cは7速AMTまたはMTとの組み合わせによる燃費低減をねらいハイデッカーに搭載，E13Cは6速AMTまたはMTを組み合わせ，ハイデッカーとスーパーハイデッカーに搭載される。一方9m車は直4・排気量5ℓ・

いすゞガーラSHD（スーパーハイデッカー）2RG-RU1ESDJ（奈良交通）

Hino S'elega/Isuzu Gala: The large-size sightseeing coach series manufactured by J Bus and sold by Hino and Isuzu is available in 3 basic models, 12m super high decker, 12m high decker, and 9m high decker. Hino is responsible for development as well as chassis and engines of the model. Straight 6 12.9 liter (high output) and 6.9 liter (low fuel consumption) engines power the 12m models, while the 9m model is powered by 5.1 liter Straight 4 engine. Since it was first introduced in 2005, the model has received various revisions to pass several emission regulation changes as well as to improve fuel consumption and to enhance safety. AMT has been offered as standard equipment on the 9m model since 2017. In 2018, AMT has been added to the 12m models, along with EDSS emergency driver system for all of the models.

左：日野セレガハイデッカ・AMT車の運転席周り．❶はドライバーモニターⅡのカメラで，自動検知式EDSSはこのカメラの映像などに基づきドライバーの異常を判断し自動停止させる．❷はEDSSの非常スイッチで，ドライバー自身や他の乗務員などの操作により停止する
右：日野セレガハイデッカの車内例．インテリアコーディネートはレザー表皮のシートを備えるオプションの「プレミアム」

191kW（260PS）のA05C〈A5-Ⅲ〉型を搭載，全車が7速AMTを搭載する．なおAMTもすべて日野製である．燃費性能は12m車のうち9ℓエンジン車が平成27年度重量車燃費基準＋15％，12.9ℓエンジン車は同基準＋10％を各々達成．9m車のGVW12トン未満も同基準を達成している．

安全面では歩行者検知機能付の衝突被害軽減ブレーキPCS，車間距離を自動制御するスキャニングクルーズⅢ／可変スピードリミッター，車両安定制御システムVSC，車両ふらつき警報，ドライバーの顔を検知してわき見や居眠りに対して注意喚起するドライバーモニターⅡ，車線逸脱警報などを備える．また2019年に自動検知式に進化したEDSSは，ドライバーモニターⅡの検知機能および車線逸脱警報の機能によりドライバーの異常を判断し自動停止するシステ

セレガ／ガーラ型式一覧

	日野セレガ	いすゞガーラ
スーパーハイデッカー ハイデッカー（12.9ℓ）	2RG-RU1ESDA	2RG-RU1ESDJ
ハイデッカー（8.9ℓ）	2TG-RU1ASDA	2TG-RU1ASDJ
9mハイデッカー（GVW12トン以下）	2KG-RU2AHDA	2KG-RU2AHDJ
9mハイデッカー（GVW12トン超）	2DG-RU2AHDA	2DG-RU2AHDJ

■諸元表　　　　　　　　　　　　　　　＊車内前方〜後方，変速比はMT・AMT同一

車　名		日野セレガ			いすゞガーラ
型　式		2RG-RU1ESDA	2TG-RU1ASDA	2TG-RU1ASDJ	2KG-RU2AHDJ
床形状		スーパーハイデッカー	ハイデッカー	ハイデッカー	ハイデッカー（9m）
仕　様		2列サロン観光	一般観光	高速路線・HD	2列サロン観光
乗車定員	（人）	43	62	56	29
全　長	（mm）	11,990	11,990	11,990	8,990
全　幅	（mm）	2,490	2,490	2,490	2,490
全　高	（mm）	3,750	3,500	3,500	3,485
ホイールベース	（mm）	6,080	6,080	6,080	4,200
トレッド（前／後）	（mm）	2,050/1,840	2,030/1,820	2,030/1,820	2,040/1,820
最低地上高	（mm）	200	200	200	185
室内寸法（長）	（mm）	10,920	10,910	10,940	7,910
〃　（幅）	（mm）	2,315	2,315	2,315	2,315
〃　（高）	（mm）	1,950	2,000〜1,780＊	2,000〜1,780＊	1,950
車両重量	（kg）	12,880	12,290	12,220	10,080
車両総重量	（kg）	15,245	15,700	15,300	11,675
最小回転半径	（m）	8.7	8.7	8.7	6.3
エンジン仕様		直6・TI付		直6・TI付	直4・TI付
エンジン型式		E13C-AE 〈ET-ⅩⅥ〉	A09C-UV 〈AT-Ⅷ〉	A09C-UV 〈AT-Ⅷ〉	A05C 〈A5-Ⅲ〉
総排気量	（cc）	12,913	8,866	8,866	5,123
最高出力	（kW/rpm）	331(450PS)/1,700	265(360PS)/1,800	265(360PS)/1,800	191(260PS)/2,300
最大トルク	（N・m/rpm）	1,961(200kgf・m) /1,100	1,569(160kgf・m) /1,100〜1,600	1,569(160kgf・m) /1,100〜1,600	882(90kgf・m) /1,400
変速比　①／②		6.590/4.200	6.230/4.421	6.230/4.421	6.515/4.224
③／④		2.340/1.407	2.452/1.480	2.452/1.480	2.441/1.473
⑤／⑥／⑦		1.000/0.697/－	1.000/0.761/0.595	1.000/0.761/0.595	1.000/0.746/0.578
終減速比		4.100	5.250	5.250	5.857
重量車モード燃費（km/ℓ）		4.50	4.95	4.95	5.00
ステアリング型式		インテグラル式車速感応型 パワーステアリング付		インテグラル式 車速感応型 パワーステアリング付	インテグラル式 パワーステアリング付
サスペンション型式（前）		独立懸架式空気ばね		独立懸架式空気ばね	
〃　（後）		車軸式空気ばね		車軸式空気ばね	
主ブレーキ		空気式		空気式	
補助ブレーキ		エンジンリターダ，永久磁石式リターダ（一部車型はOP）			
タイヤサイズ（前／後）		295/80R22.5		295/80R22.5	10R22.5 14PR
燃料タンク容量　（ℓ）		430			300

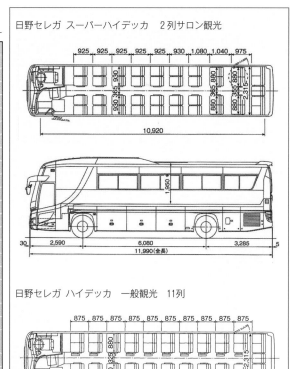

日野セレガ　スーパーハイデッカ　2列サロン観光

日野セレガ　ハイデッカ　一般観光　11列

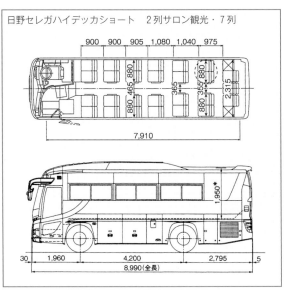

日野セレガハイデッカショート　2列サロン観光・7列

900　900　905　1,080　1,040　975
880　465　880
365
880　355　880
2,315
7,910

1,950*

30　1,960　4,200　2,795　5
8,990(全長)

いすゞガーラ　ハイデッカー9　2DG-RU2AHDA（鯱バス，Ya）
大型車幅・全長9mクラスの観光車で，後部2列回転シートを備える「2列サロン観光」での採用例が多い．日野セレガの名称は「セレガハイデッカショート」

ムで，初期のEDSSと同様，ドライバー自身または乗務員，乗客の非常ボタン操作でも停止する．なお2020年には感染症対策用品として，ジェイ・バスから運転席飛沫防止（カーテン型，パネル型），客席飛沫防止カーテンレール，消毒液ボトル取付金具などが発売された．
【販売価格例＝セレガスーパーハイデッカ・一般観光・11列・6速AMT：5,045万1,500円，セレガハイデッカショート・2列サロン観光・7速AMT：3,576万6,500円．ガーラHD・貸切11列・265kW・7速AMT：4,378万3,300円】

The first EDSS had to be activated by either the driver, the crew, or passengers, but with the improvements to the face recognition camera, the function of the vehicle coming to an automatic stop when the system recognizes that the driver is facing down has been added.

日野セレガ／いすゞガーラの略歴（ハイブリッドを除く，2010年以降）

2010.7	セレガ，平成21・22年規制適合車に移行（ガーラは8月）《12m車：LKG-，9m車：LDG-／SDG-》
2012.5	セレガ12m車，新保安基準適合，8.9ℓエンジン車追加《QPG-/QRG-》，9m車，新保安基準適合（ガーラは6月）
2014.4	全車，安全装備を強化．12.9ℓ車が燃費改善《QRG-》（発表はセレガが3月11日，ガーラが同19日）
2015.4	8.9ℓエンジン車が排出ガス規制記号を変更《QTG-》
2017.7	平成28年規制に適合，9m車は全車AMT化《12m車：2RG-，2TG-，9m車：2DG-，2KG-》
2018.6	12m車にAMT設定，全車にEDSS標準装備（セレガは6月発表・7月発売，ガーラは7月発表・発売）
2019.6	自動検知式EDSS装備，高度OBDに対応

三菱ふそうエアロクィーン／エアロエース

三菱ふそうエアロクィーン　夜行高速仕様　2TG-MS06GP（西日本鉄道，Sk）

エアロクィーン（スーパーハイデッカー）／エアロエース（ハイデッカー）は，2007年，先代エアロクィーン／エアロバス（MS8系）をフルモデルチェンジして登場した大型観光バスである。以来10年にわたりMS9系として数度の改良を図ったが，2017年の平成28年排出ガス規制への適合を機に，エンジンの小排気量化と併せてトランスミッションを6速MTから8速AMTに変更，基本的な内外装はそのままにMS0系へと生まれ変わった。さらに2019年にはフロントスタイルの一新とともに，ドライバー異常時対応システムEDSSなど各種安全装備の充実を図った。

エアロクィーンは全高3.54m，エアロエースは全高3.46mで，両車共通の「クール＆エモーション」を基調にしたスタイリングが特徴。2019年の改良ではLEDヘッドランプ／フォグランプの採用と併せてフロントマスクを大きく変更し，個性的な顔立ちとなった。空調機器はエアロクィーンが床下据置型直冷，エアロエースは天井直冷である。用途別のバリエーションは観光・貸切用（一般観光，サロン＝後部回転シート付），高速路線用（夜行，昼行，空港連絡。

エアロクィーンは夜行のみ）である。なおエアロエースには12列・乗客定員60人仕様（貸切，空港連絡），床下～客席間を車椅子のままで移動できるエレベーター付仕様，近距離高速路線などに向けた13列・乗客定員65人仕様もある。

グレードはベーシックなエコライン（エアロエースのみ），充実装備のプロライン，プロラインに上級装備を加えたプレミアムラインの3種類で，リヤウインドーを縁取る後面シグネチャーライト（青色LED）は上位2グレードに標準またはオプションで設定される。また前面シグネチャーライトも販売会社のオプションで用意される。メーカーが設定する標準的な内装コーディネートはプロライン6種，プレミアムライン3種，エコライン3種である。

エンジンは全車が直6・排気量7.7ℓで280kW（381PS）を発生する6S10（T2）型を搭載する。2ステージターボを採用し，低回転域から高回転域まで優れた過給効果を発揮する。トランスミッションは全車が8速AMTの"ShiftPilot"で，燃費向上やイージードライブにも貢献する。AMTはステアリングコラム左側に装備されたマル

Mitsubishi Fuso Aero Queen/Aero Ace: The large-size sightseeing coach series introduced in 2007 comprised of Aero Queen super high decker coach and Aero Ace high decker coach. In the 10 years since its introduction, there have been several revisions to improve fuel consumption and enhanced safety. The engine has also been changed from Fuso's original to Daimler Group's common platform. In passing the 2016 emission regulations in 2017, the engine has been vastly downsized from the 12.8 liters of the previous model to 7.7 liters, while the transmission has been changed to 8-speed AMT so that the power of the small displacement engine can be fully utilized and for easier driving. Along with the first completely new front mask since it has been introduced, safety features have been enhanced in 2019 with Emergency Driving Stop System and Active Sideguard System which assists prevention of collisions when turning left.

三菱ふそうエアロエース　2TG-MS06GP
（瀬戸内しまなみリーディング，Mt）

↑三菱ふそうエアロエース・エレベーター付の車内例．車椅子利用者2名を含めた乗客定員は40人（関東バス）
➡三菱ふそうエアロエース・エレベーター付　2TG-MS06GP改（北海道中央バス，Tn）

チファンクションレバーにより，指先での操作が可能である．またAMTはマニュアルを含めて3つのモードを備えるとともに，クリープ機能，巡航時に動力伝達をカットして燃費低減につなげるエコロール機能などを装備する．燃費性能は全車が平成27年度重量車燃費基準＋15%を達成している．

　安全装備として，歩行者検知機能付の衝突被害軽減ブレーキABA4，顔認識カメラなどにより運転注意力低下を検知して警報を発するアクティブ・アテンション・アシスト，車線逸脱警報（運転席バイブレーター警報付），車間距離保持機能と自動停止・発進機能を併せ持つプロキシミティー・コントロール・アシスト，ドライバー異常時対応システムEDSS，同じく左方の歩行者・自転車等を検知して左折操作や左ウィンカー操作の際に警告するアクティブ・サイドガード・アシスト（クラス初）などを装備する．
【販売価格例＝エアロクィーン・プレミアムライン・観光11列サロン：5,011万3,000円，エアロエース・同・12列：4,767万7,000円】

三菱ふそうエアロクィーン／エアロエースの略歴（2012年7月以降）	
2012.7	新保安基準に適合．12m車，サブエンジン冷房を直冷に変更《QRG-》
2012.7	エアロエースショートタイプMM，低排出ガス車に認定《QDG-/TDG-》
2012.12	12m車に衝突被害軽減ブレーキAMBを標準装備
2014.8	9m車，安全装備などを12m車に準拠，型式をMM97に変更
2014.9	12m車，各部改良，ターボの変更などで燃費改善
2015.4	12m車の一部車型が新エコカー減税対応《QTG-》
2015.7	車線逸脱警報装置を改良，12m全車燃費改善《QTG-》
2016.5	AMB2.0を標準装備
2017.5	平成28年規制に適合，全車AMT化《2TG-》，9m車MM中止
2018.10	エアロエースにエレベーター付仕様を設定
2019.2	フロントマスク変更．EDSS，ABA4，アクティブ・サイドガード・アシストなど装備（2月発表・4月発売）

■諸元表

車　名		三菱ふそうエアロクィーン	三菱ふそうエアロエース	
型　式		2TG-MS06GP		
床形状		スーパーハイデッカー	ハイデッカー	
仕様・グレード		サロン・プレミアム	一般・プロ	夜行線・プレミアム
乗車定員	（人）	55	62	30
全　長	(mm)	11,990	11,990	11,990
全　幅	(mm)	2,490	2,490	2,490
全　高	(mm)	3,535	3,460	3,460
ホイールベース	(mm)	6,000	6,000	6,000
トレッド(前／後)	(mm)	2,050/1,835	2,030/1,820	2,050/1,835
最低地上高	(mm)	200	200	200
室内寸法(長)	(mm)	10,860	10,860	10,780
〃　(幅)	(mm)	2,310	2,310	2,310
〃　(高)	(mm)	1,890	1,760	1,760
車両重量	(kg)	13,020	12,700	13,470
車両総重量	(kg)	16,045	16,110	15,120
最小回転半径	(m)	9.5	9.5	9.5
エンジン仕様		直6・TI付		
エンジン型式		6S10(T2)		
総排気量	(cc)	7,697		
最高出力	(kW/rpm)	280(381PS)/2,200		
最大トルク	(N・m/rpm)	1,400(143kgf・m)/1,200～1,600		
変速比	①/②/③	6.570/4.158/2.748		
	④/⑤/⑥	1.739/1.256/1.000		
	⑦/⑧	0.794/0.632(以上AMT標準)		
終減速比		4.444		
燃　費	(km/ℓ)	4.30	4.30	4.90
ステアリング型式		インテグラル式車速感応型パワーステアリング付		
サスペンション型式(前)		独立懸架式空気ばね(ECS付)		
〃　(後)		車軸式空気ばね(ECS付)		
主ブレーキ		空気式		
補助ブレーキ		Jakeブレーキ＋流体式リタ－ダ		
タイヤサイズ　(前／後)		295/80R22.5		
燃料タンク容量　(ℓ)		405		

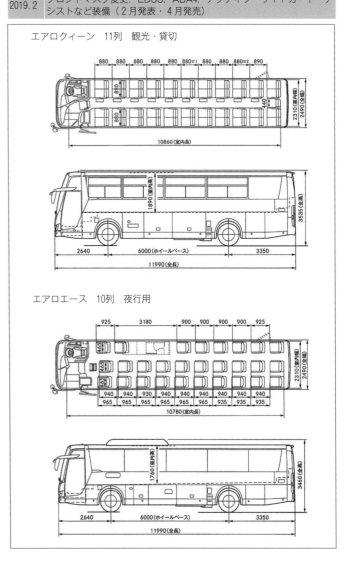

エアロクィーン　11列　観光・貸切

エアロエース　10列　夜行用

ヒュンダイ ユニバース

ヒュンダイ ユニバース AT車　2DG-RD00（那覇バス，HG）

　ユニバースは韓国の現代自動車（ヒュンダイ）が2006年に発売した大型観光・高速バスである。同社はかつて三菱自動車から技術供与を受けてふそうエアロバスを国産化した時代があるが，ユニバースは完全な自社技術で開発・発売され，韓国市場では圧倒的なシェアを獲得している。日本国内では2008年夏に先行販売を開始，同年秋には輸入車の型式認定（平成17年規制適合）を取得の上，2009年2月に現代自動車ジャパンから正式発売された。日本向けは全高3.53mのハイデッカーで，本国の最上級グレード「エクスプレス・ノーブル」をベースとした右ハンドル車である。2012年には基本スタイルはそのままに灯火器規制に対応，フロントマスク一新，ルーフスポイラー・リヤスポイラーの大型化などを図った。

　現行モデルは2017年に発売された平成28年排出ガス規制適合車である。エンジンは直6・排気量10ℓで316kW（430PS），2,060N・mを発生するHエンジン（D6HC型）を搭載，トランスミッションはパワーアシスト付6速MT（ZF製）のほか，2018年からトルコン式6速AT（ZF製エコライフ，ダブルオーバードライブ）を設定した。また補助ブレーキはエンジンリターダに加え，AT車がATに内蔵される流体式リターダを標準装備，MT車は流体式リターダ（ZFインターダ）をオプション設定する。内装の基本仕様は観光系：4車型（乗客定員45〜58人），2×1ワイドシート：2車型（同27・30人），都市間仕様：1車型（同40人，以上MT車の場合）で，いずれも全正席に3点式シートベルトを標準装備する。装備面では乗務員用トランクルーム，車高調整機能などを標準装備，クラリオン製AV機器などをオプション設定する。安全面では衝突被害軽減ブレーキAEBS，車線逸脱警報装置LDWS，車両安定性制御装置VDC，オートクルーズなどを各々標準装備する。

　2019年のマイナーチェンジで後部側窓の形状を変更するとともに，トランクルームのフルフラット化（マット貼り），トランクルームのLED照明，エンジンルーム火災警報装置，リヤフォグランプ，右

Hyundai Universe: The large-size sightseeing and highway coach series introduced by Hyundai of South Korea in 2006. The model has been offered on the Japanese market since 2008. The Japanese model is the right hand drive high decker with the overall height of 3.49m based on the most luxurious model of its native country. The model passed the 2009 emission regulations in November of 2010. The new model is powered by the 312kW engine utilizing the SCR system. The 2016 model is equipped with the automatic brake AEBS, LDWS, and VDC to comply with Japanese regulation.To pass the more stringent emission regulations of 2017, the 12.3 liter engine has been made smaller to 10 liters while maintaining the same output. AT's are being planned for 2018.Model equipped with 6-speed AT (ZF) was added in 2018.

ヒュンダイ ユニバース AT車　2DG-RD00

↑AT車の運転席周り. ↓2×1ワイドシート車の車内例.（那覇バス，HG）
ユニバースはシート仕様を問わず，全正席に3点式シートベルトを装備する

2019年の改良で最後部側窓のコーナー形状が曲線から直線に変更された

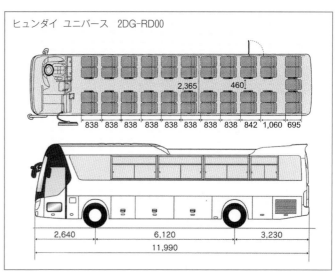

ヒュンダイ ユニバース 2DG-RD00

フロントアンダーミラー，広角バックアイカメラを各々標準装備
した．またオプションには側窓・後面窓のカラー（ブラック）ガ
ラス，メラミン仕様の客室腰板材，前方42型モニター，客席シー
トグリップ，USBポートが加わった．

　販売ディーラーには自動車販売会社，交通事業者，商社などが
名を連ねているが，各販売ディーラーによる独自仕様も少なくな
く，トイレや大型化粧室，高音質オーディオなどの採用例がある．
メンテナンスはメーカー，ディーラーが契約する全国185カ所で
受けられるほか，横浜市内に大規模パーツセンターを設置し，全
国への円滑な部品供給を行っている．なお2020年12月時点での国
内でのユニバースの累計販売台数は約790台である．

【販売価格例＝ユニバース・6速AT・観光・10列・2×1ワイド
シート仕様：3,512万4,100円，6速MT・観光・11列仕様：3,219万
8,100円】

日本国内におけるユニバースの略歴	
2007.10	東京モーターショーに日本向け試作車を展示
2008.夏	市販車の先行販売を開始
2009.2	平成17年規制適合車を正式発売《ADG-》
2010.11	平成21年規制適合車に移行《LDG-》
2011.9	3列独立シート（2×1仕様）を追加
2012.4	外装を中心にマイナーチェンジ
2013.8	2013年モデル発売．車高調整装置を標準装備
2016.1	衝突被害軽減ブレーキ，車線逸脱警報装置，車両安定性制御装置を標準装備して発売
2017.10	平成28年規制に適合《2DG-》
2018.4	AT車を追加
2019.10	側窓形状変更，各部改良

■諸元表

車　　名		ヒュンダイ ユニバース		
型　　式		2DG-RD00		
床 形 状		ハイデッカー		
グレード・仕様		観光	2×1ワイドシート	都市間
乗車定員	（人）	47	29	41
全　長	（mm）	11,990	11,990	11,990
全　幅	（mm）	2,490	2,490	2,490
全　高	（mm）	3,535	3,535	3,535
ホイールベース	（mm）	6,120	6,120	6,120
トレッド（前）	（mm）	2,075	2,075	2,075
トレッド（後）	（mm）	1,850	1,850	1,850
最低地上高	（mm）	200	200	200
室内寸法（長）	（mm）	10,775	10,775	10,775
〃 （幅）	（mm）	2,365	2,365	2,365
〃 （高）	（mm）	1,950	1,950	1,950
車両重量	（kg）	12,730	12,870	12,640
車両総重量	（kg）	15,260	14,465	14,895
最小回転半径	（m）	10.3	10.3	10.3
エンジン仕様		直6・TI付		
エンジン型式		D6HC		
総排気量	（cc）	9,959		
最高出力	（kW/rpm）	316（430PS）/1,800		
最大トルク	（N·m/rpm）	2,060（210kgf·m）/1,200		
変速機		6速AT	6速MT	
変速比	①/②	3.364/1.909	6.435/3.769	
	③/④	1.421/1.000	2.259/1.444	
	⑤/⑥	0.720/0.615	1.000/0.805	
終減速比		3.909		
ステアリング型式		インテグラル式パワーステアリング付		
サスペンション型式（前/後）		車軸式空気ばね		
主ブレーキ		空気式		
補助ブレーキ		流体式リタータ	排気ブレーキ，ジェイクブレーキ，流体式リタータ（OP）	
タイヤサイズ		295/80R22.5		
燃料タンク容量	（ℓ）	420		

スカニア／バンホール アストロメガ TDX24

輸入観光車

スカニア／バンホールアストロメガ TDX24（はとバス）

アストロメガはベルギー・バンホール製の２階建てバスである。日本向けのバンホールは1980年代に２階建てバスやスーパーハイデッカーなどが輸入されたが，1997年をもって途絶えていた。しかし生産中止された国産２階建てバスの後継車として外国製の２階建てバスが注目される中で，2016年に再び輸入が始まった。

現行のアストロメガは全長12m・全幅2.5m・全高3.8m，右ハンドル，非常口扉付，軸重10トン未満など日本の道路運送車両法保安基準を満たしている。開発に際しては過去にバンホールを採用するとともに，初号車を発注した，はとバスのニーズと使用経験が反映されている。またエンジンは日本市場でトラックや連節バスの実績が

あるスウェーデンのスカニア製が選ばれた。

観光車の乗客定員例は２階席48＋１階席４＋車椅子利用者２の計54人。2020年に加わった夜行都市間用の乗客定員例は２階席（３列独立）29＋１階席10の計39人である。１階へのトイレ設置も可能。また後輪上部には２階建てバスとしては大きい荷物室を備えているのも特徴である。エンジンは排気量12.7ℓ・ユーロⅥ適合のスカニアDC13型で300kW（410PS）を発生，12速AMTでリターダを内蔵するスカニアオプティクルーズを組み合わせる。衝突被害軽減ブレーキAEB，車線逸脱警報LDWなどを装備。空調機器はドイツ・エバスペヒャー製で，日本の環境に応じた冷却能力を備えている。販売・メンテナンスはスカニアジャパンが行う。現在までの販売実績は，2016〜2019年の４年間で25台。また2020年は25台である。

Scania/Van Hool Astromega TDX24: Double decker coach of Van Hool that was introduced to the market in 2016 by Scania Japan. Even though the right hand drive model with the overall length of 12m, width of 2.5m, and height of 3.8m had been developed to meet the demand of Hato Bus, the operator of city tours which had been seeking a successor to the domestic double decker coach that was discontinued in 2010, the model will be made available to bus operators around the nation. Scania's engine and powertrain were chosen as they have a proven record with trucks in Japan. The model is powered by DC13 engine with the output of 302kW coupled with 12-speed Opticruise.

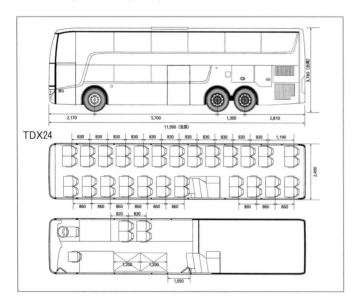

TDX24

■諸元表

車 名		アストロメガ
型 式		TDX24
床 形 状		ダブルデッカー
乗車定員	(人)	56（架装例）
全 長	(mm)	11,990
全 幅	(mm)	2,490
全 高	(mm)	3,780
ホイールベース	(mm)	7,000（5,700＋1,300）
室内寸法(長)	(mm)	1階：4,000，2階：11,090
〃 (幅)	(mm)	2,340
〃 (高)	(mm)	1階：1,675，2階：1,614
車両重量	(kg)	16,050
車両総重量	(kg)	19,130
最小回転半径	(m)	10.9
エンジン仕様		直6・TI付
エンジン型式		DC13
総排気量	(cc)	12,742
最高出力	(kW/rpm)	302（410PS）/1,900
最大トルク	(N·m/rpm)	2,150/1,000〜1,300
変速機		12速AMT
サスペンション型式		空気式（電子制御）
主ブレーキ		空気式・ディスク
補助ブレーキ		排気ブレーキ，流体式リターダ
タイヤサイズ		295/80R 22.5
燃料タンク容量	(ℓ)	490

オリジナルバスメーカー&バス改造メーカー

日野オリジナルバス

日野自動車では大型・中型・小型の各種バスや，トラックシャーシーをベースとしたオリジナルデザインのバス型車両をメニューとして用意している。これらは企画の段階から日野自動車が対応し，ユーザーの要望やイメージを汲んだ上で設計・開発を行う。ボデー製作は東京特殊車体，岩戸工業などが担当しているが，ジェイ・バスのリニューアル特装部でも対応が可能である。以下に2020年に納入された車両をご紹介する。

➡️↘️シロクマバス
鹿児島市観光交流局が，平川動物公園の新しいマスコットとして2020年7月より運行を開始した，日野ポンチョ・ショート（2DG-HX9JHCE）をベースとする園内周遊バス。見て楽しい！乗って楽しい！をコンセプトに，外観は車体前部に園の人気者シロクマを立体的に表現，ルーフ部には耳を再現し，ベース車両の丸みを生かした愛嬌のあるデザインとした。車内には園内の動物達を等身大でラッピングし，大きさと特徴をわかりやすく感じられるように，動物図鑑のように仕上げた。シートレイアウトは前向き2人掛けで，跳ね上げ式シートを盛り込んだ郊外型仕様，多人数着座とベビーカー乗車の使い分けが可能（乗車定員27人）。架装はオートサービス関西が担当した

↓↘️匠バス「鳳凰号」「獅子号」「かんかこ号」
高山の街中を巡る，地域観光型のバスとして高山市が企画し，2020年3月に導入した。ベースは日野ポンチョ・ロング（2DG-HX9JLCE）で，後方の床を高くすることで，展望の良い車両とした。内装に地産の木材を用いるとともに高山を代表する匠の技を随所に盛り込み，乗って高山を体感できるバスとした。架装は東京特殊車体が行った。導入された3台は，高山祭をテーマにした各車各様のデザインで，外国人観光客も一目で区別できる特徴あるボン

ネットスタイルを採用。「鳳凰号」は祭りの伝統衣装の柄を，「獅子号」（写真）は祭り行列の獅子舞を，「かんかこ号」は祭りの闘鶏楽の様子をそれぞれモチーフとした。内装は伝統染色技法の飛騨染め寒さらしをイメージした天井や，高山刺し子をイメージしたシート表皮を採用。室内に置かれる地産の一位一刀彫は3台それぞれに異なる作者が匠の技を披露しており，見応えのある車両となっている

↓熱海湯〜遊〜バス彩
東海自動車が，熱海市内名所めぐり「熱海湯〜遊〜バス」のオリジナル特別専用車両「彩」として2020年3月に導入した。ベースは日野レインボー（2KG-KR290J4）で，架装は岩戸工業が担当した。彩り豊かな熱海情緒を採り入れ，市民，観光客から愛される「見て楽しむ」「乗って楽しむ」さらには「撮って楽しむ」車両を目指している。熱海の段々な地形に建物が立ち並ぶ情景を「熱海シルエット」として外観に表現。前扉はハーフ運転台風で「招き入れる気配りとおもてなし」の雰囲気を演出した。さらにリアデッキ形状は舞台をイメージとした。車内は熱海情緒を取り入れた灯篭風仕上げの足元照明を採用。仕切りには日本伝統の組木細工風で明るく透ける演出を採用。窓や天井に熱海の彩を装飾した和モダンのイメージを表現した力作である

↓季節限定特別ツアーバス
大井川鉄道沿線の季節に合わせた特別企画ツアーなどに利用できる中型貸切バスとして，2020年7月に大鉄アドバンス/大井川鉄道が導入した。大型バスでは通れない区間にも対応するため中型観光バス（日野メルファ，2DG-RR2AJDA）をベースに，33人の座席定員でゆとりある車内空間を創出している。大井川鉄道が展開するほかの企画ともマッチするように，フロントには鉄道車両同様の大きなオーナメントを装着，落ち着いた雰囲気を表現するとともに，ツアーのアイコンとなるように，かわいらしい丸形のヘッドランプを採用している。架装は岩戸工業である

株式会社 フラットフィールド

フラットフィールドは1995年に低公害車の開発を目的として創業した改造メーカーである。創業よりCNG改造を中心に事業を行い，各自動車メーカーのトラック・バスに対応，これまでに商用車・乗用車を含めると1,000台以上の改造実績がある。

こうした改造・開発・試験経験を生かし，新たなるエネルギーの実用化に挑戦し，大学などと協力して水素燃料バスや水素ハイブリッドトラック，燃料電池塵芥車，燃料電池船，燃料電池システムなどの開発・製作も行ってきた。

2008年から開発・製造を開始した電気バスやハイブリッドバスは，営業用も含め40台以上の製造実績がある。近年はレンジエクステンダー電気バスやパンタグラフによる超急速充電に対応した大型電気バスの製造も開始した。さらに，水素や電気エネルギーの実用経験を生かした燃料電池車の開発や自動運転バスの開発も行っている。

同社の製作するバスは，豊富な改造経験，高い技術力による信頼性，多様なシステムへの幅広い仕様対応力などが特徴である。

●㈱フラットフィールド ☎(046)220-5001
https://www.flatfield.co.jp

改造バスの例：関西電力が導入した，日野ブルーリボンをベースにした大型電気バス．国内で初めてパンタグラフによる超急速充電方式を採用した．2019年4月から扇沢─黒部ダム間で運行開始した

株式会社 東京アールアンドデー／株式会社 ピューズ

東京アールアンドデー（R&D）は，1984年からEV（電気自動車）の開発を手がけ，スクーター，レーシングカー，バス，トラックなど様々な車種のEVの開発・製造を行ってきた。2000年には，最初の電気バスをデリバリーし，その後も多くの電気バスを開発，2014年には東日本旅客鉄道の気仙沼BRT向けの中型電気バスを納入している。

2018年には，燃料電池トラックも開発・実証し，現在は燃料電池バスの開発にも着手している。

また東京R&Dは，1999年にEVシステムの開発・製造・量産販売を行うグループ会社・ピューズを立ち上げた。これに伴い東京R&Dを研究開発機関と位置付け，ピューズが，モーター，バッテリー，制御システムなどEVの主要コンポーネントなどを製造供給する体制を整えた。近年では，ピューズが海外向け電気バスの開発も請け負っており，2017年にマレーシア向けに電気バス13台を受注し納入した実績があるほか，国内でも量産EVのコンポーネントを流用した安価な電気バスの開発を手がけ，電気バス普及に向け新たなチャレンジも行っている。

なお2016年7月より施行された電池の安全認証UN-ECE-R100.02において，日本で初めて電池パックの認証を国土交通省より受けている。

●㈱東京アールアンドデー ☎(046)227-1101 https://www.tr-d.co.jp/
●㈱ピューズ ☎(046)226-5501 https://www.pues.co.jp/

改造バスの例：開発中の燃料電池バスのイメージ．日野ポンチョをベースに70MPa水素タンクを搭載する（写真：新潟県・小型燃料電池バス導入検討会議）

株式会社 シンクトゥギャザー

シンクトゥギャザーは，2007年に創業した電気自動車の開発・製造を行う事業者で，群馬県桐生市に本社を置いている。同社の製品は数多くの小径タイヤに窓ガラスのない四角いボデーが特徴の小型電気バス「eCOMモビリティ」（以下eCOM）が主力である。eCOMは，20km/h未満で走行する「グリーンスローモビリティ」として2011年に開発され，現在全国で約30台が稼働している。桐生市の市内周遊をはじめ，富山の宇奈月温泉，群馬の谷川連峰の一ノ倉沢，東京・池袋などで周遊・送迎バスとして営業運行するほか，群馬大学の自動運転試験車両としても使用されている。

eCOMの駆動方式は各輪をそれぞれモーターで駆動するもので，バッテリーはリチウムポリマー電池を床下に搭載する。座席配置は左右対面するベンチシートが標準である。現在8輪で乗車定員10人の「eCOM-8^2」と，10輪で同16人の「eCOM-10」の2車型が設定されている。なお同社が製造するeCOMは，受注生産で型式指定車両ではないため，カスタマーの要望に応じた仕様で製作できる。

●㈱シンクトゥギャザー ☎(0277)55-6830
https://www.ttcom.jp

東京・池袋で2019年11月から運行開始した観光目的のコミュニティバス"IKEBUS"（イケバス）．eCOM-10が10台導入されている

中京車体工業 株式会社

中京車体工業は名古屋市緑区に本社を置くメーカーで，創業から74年という長い歴史を誇る。現在では日野リエッセⅡ／トヨタコースターなどの二次架装・改造，トラックシャーシーのバス型特種車（検診車等）のボデー架装などで高い評価を得ている。このうち小型バスの二次架装・改造については部品装着，車椅子用リフトや補助ステップの装着，ボデー延長を含む各種改造など，顧客のあらゆるニーズに対応し，年間300台以上を手がけている。

2020年5月に，日野リエッセⅡ／トヨタコースターの新車型スーパーロングボデーへの二次架装を発表し，ベース車両の13席+荷物室に対して，26席に定員を倍増させる架装および後部スペースに車椅子用リフトを取り付ける架装を実施した。また感染症対策として運転席後ろに仕切りカーテンを装備するとともに，後部にはHEPAフィルターを取り付けた排気ファンを装着した車両も製作し，名古屋市に無償提供を行っている。

●中京車体工業㈱　☎(052)624-0088
www.syatai.jp

日野リエッセⅡ／
トヨタコースター
スーパーロングボ
デー後部座席取付
例（26席仕様）

スーパーロングボデー後部車椅子用リフト取付車の例

HEPAフィルター付排気ファン取付例

感染症対策仕切りカーテン取付例

東急テクノシステム 株式会社

東急テクノシステムは1940年に東急系の電車・バスの修理を端緒に創業した企業である。バスは現在，神奈川県川崎市の自動車工事部で，新造車の二次架装，使用過程車の改造・車体更新・修理など幅広い業務を行っている。ベース車の機能はそのままにオリジナリティに富んだ製品を生み出しており，立山黒部貫光の「E～SORA立山パノラマバス」，富士急バスの「GRAND BLEU RESORT」，三越伊勢丹旅行の「プレミアムクルーザー」などのハイグレード観光バスや，三重交通の路面電車型「神都バス」，2階建てオープントップバス，運転訓練車などを数多く手がけている。特に近年は運転訓練車の製作例が多く，これまでに一般路線車ベースで14台，高速車ベースで3台を製作した。

これと併せて，一般路線バスおよび高速路線バスの「運転シミュレータ」も開発しており，実物の運転席を使用，走行環境をリアルに再現するとともに実現が困難な事故の再現など，効果的な教習が実施できるようにしている。

●東急テクノシステム㈱ 営業戦略部　☎(044)733-4211
https://www.tokyu-techno.co.jp

箱根登山バスが2020年に採用した一般路線用の運転訓練車．
三菱ふそうMPワンステップがベースである．上は同車の車内

株式会社 エムビーエムサービス

　エムビーエムサービス（MBMS）は富山市に本社を置く，自動車部品メーカー・ビューテックのグループ企業である。1976年，当時の呉羽自動車工業のバス完成車の陸送業務を端緒に創業，車検整備やバス部品加工などの業務を経て，2010年からは三菱ふそうバス製造（MFBM）の隣接地で，三菱ふそう車を主体とするバスの二次架装・改造を行っている。特に二次架装車が国内販売総数の80%を占めるとされる小型バス・ローザについては，これらの約8割を担当しており，路線仕様やハイグレード観光車なども数多く製作している。このほか大型観光車の車椅子利用者用のエレベーター付車両の架装，2階建てバスのオープントップ改造などの実績も多い。2016年には大型2台・小型7台が同時に施工できる架装工場を新築，より高い品質と短納期化を実現した。

　独自の製品として，小型バスの車内後方を荷室として有効活用できる「マイクロバス後部荷物室架装」などがある。

●㈱エムビーエムサービス　☎(076)466-2485
http://mbms.info/

エムビーエムサービスの代表的な製品から，三菱ふそうローザの路線仕様．小規模需要路線の使用環境に即した使い勝手や安全性が盛り込まれている．外観はミヤコーバス，車内は濃飛乗合自動車の4WD車

2021バステクフォーラム　5月21日開催予定

　体験型バスイベント「2021バステクフォーラム」は5月21日（金），大阪・舞洲の舞洲スポーツアイランド（空の広場）で開催予定です。バスラマ通常号や年鑑バスラマで紹介した最新車，バス機器・用品，感染症対策用品などが勢揃い！　初夏の一日，お誘い合わせのうえバステクフォーラムにご来場ください。なお感染症の拡大状況によっては，開催日を延期する可能性もございます。日程の情報，出展内容・プログラム等は4月以降，ぽると出版ウェブサイトでご案内いたします。（写真は2020バステクフォーラムから）

株式会社ぽると出版　http://www.portepub.co.jp/

海外バスカタログ
2020→2021

いよいよ量産が始まり, バリエーション追加も発表された電
気バスのメルセデス・ベンツ eシターロ. 巻き込み事故抑制
システムを採用する. 駆動系電動化は中小コーチビルダーや
新興メーカーが先鞭を付けたが, 同社やMANのような大手
エンジンメーカーが続々と量産モデルを投入している

　世界的に電動化の動きがますます顕著になっている. その内容も,
最近まで話題の中心となっていたリチウムイオン電池によるバッテ
リーEVの一層の拡充に加え, いよいよ燃料電池の時代が幕を開け
つつあるようだ. 燃料電池バスはトヨタSORAが実用化の先鞭を付
けたが, 欧州の大手コーチビルダーからも続々とカタログモデル化
の話題が届き始めた. またEUではインフラと併せた積極的な導入
補助政策でバックアップしており, 各地の事業者で導入例が増えつ
つある. またバッテリー式EVでも, リチウムイオン電池に代わる
未来の電池として注目されている全固体電池の話題が聞こえ始めた.
少し前まで全固体電池の実用化は2030年代以降と言われていたが,

意外なほど早く実用化の時期を迎えそうだ.
　一方でバッテリー技術の進化は早いが, なお充電時間や航続距離
は大きな課題であり続けている. そのためディーゼルは引き続き主
力であり, また内燃機関の中では環境性能に優位性のあるガス燃料
(CNG・LNG) も技術開発の話題が続いている.
　今回のバスカタログでは, シティバス9モデルと観光車2モデル
を取り上げる. 大半のモデルはディーゼル車がベース車種とみなさ
れており, バッテリーEVや燃料電池など電動駆動系をバリエーショ
ンとして用意する. しかしエンジン搭載モデルが設定されない車種
も出てきたことが, これまでとの相違点になっている.

メルセデス・ベンツ シターロ

ドイツ

シターロ ディーゼル電気ハイブリッド

　メルセデス・ベンツのシターロは初代が1997年に初代が登場し，2011年に第2世代に進化した。車型はフルフラット・ノンステップの全長12m車を基本に，全長10.5mのK，3軸15mのL，連節：18mのGおよび20mのGL（キャパシティ）を設定する。ローエントリーは全長12mの市街地向けLEおよび郊外・都市間向けLE Ü，全長13mの都市間向けLE MÜとなる。駆動系は，ディーゼル単車がOM936型およびOM936h型（ともに排気量7.7ℓ），同連節車がOM936h型とOM470型（10.7ℓ）を設定，小排気量車には出力14kWのモーターとスーパーキャパシタを組み合わせたハイブリッド仕様も設定される。このほかM936G型ガスエンジンが設定されている。

　2018年にEVモデルのeシターロが発表され，2019年から欧州各地で導入が始まった。連節車eシターロGは2020年9月に量産モデルが発表され，スイス工科大学シャトルバスへの初採用が決まった。

　eシターロの駆動系にはZF製AVE130型インホイールモーターアクスルを採用する。駆動バッテリーは1モジュールあたり約25kWhで，車内4，ルーフ部2モジュール（総容量150kWh）が標準となり，一充電あたり航続距離は約150km（夏期）とされる。塔載モジュール数は増減可能で，導入時に運行環境や想定稼働距離などを考慮して最適なバッテリー量を設定する。

　メルセデス・ベンツではバッテリーオプションとして，第2世代超高速充電対応リチウムイオン電池と最先端技術の全固体電池のオプション設定を発表した。一般に全固体電池の実用化は2020年代半ば以降になるとみられてきたが，新型eシターロGが世界で初めて全固体電池を採用する量産型シティバスとなる。全固体電池は従来のリチウムイオン電池と比べ25％もエネルギー密度が高く，eシターロGでは441kWhもの総容量を実現する。電池は原材料にコバルトを使用せず，製造時の環境負荷も軽減される。また長寿命も特徴で，全固体電池の場合はバッテリーの10年間または累計入出力280MWhを標準保証として提供する。

　一方でこの全固体電池は超高速充電対応への制約から，新世代の三元系リチウムイオン電池もオプション設定された。パックあたり容量は33kWhに向上しており，最大搭載時の総容量は396kWhに及ぶ。なおコネクター等は互換性を保っており，事業者ではパックを交換することで導入済みeシターロの航続距離を延長できる。

車種名		メルセデス・ベンツ	
		eシターロ	eシターロG
扉　数		3	4
定員例(座席数)	(人)	83(26)	136(41)
全　長	(mm)	12,135	18,125
全　幅	(mm)	2,550	2,550
全　高	(mm)	3,400	3,400
ホイールベース	(mm)	5,900	5,900+5,990
オーバーハング	(mm)	2,805	2,805
	(mm)	3,430	3,430
許容総重量	(kg)	20,000	30,000
室内高	(mm)	前方2,313～後方2,021	
最小回転半径	(m)	10.6	11.5
モーター型式		ZF AVE130	
モーター仕様		インホイール	
定格／最高出力	(kW)	125/250	
最大トルク	(N·m)	485×2	
駆動バッテリー		三元系Li-ion	全固体
総容量	(kWh)	146	441
ステアリング		電動油圧式	
懸架方式	(前)	ZF 82 RL EC独立懸架	
	(中・後)	ZF 車軸式	
タイヤサイズ		275/70R22.5	275/70R22.5
航続距離	(km)	150	220

eシターロG. 全固体電池の実用化に先鞭をつけた

MANライオンズシティ

ライオンズシティ，18E連節車

　MANのライオンズシティは初代が1996年にA20シリーズとして登場し，2004年から現在のモデル名で展開されている。現行モデルは2018年3月に発表された2代目で，2019年からポーランド・スタラホヴィツェ工場で12m車および18m連節車の量産が始まった。モデルラインアップは全長12mノンステップ単車を標準に，全長10.5mのM，13.7mのC，14.7mのL，18m連節車のG，18.75mのGLがあり，10.5m車を除きローエントリー仕様にも対応する。欧州向けはメーカー完成車となるが，他の市場ではコーチビルダー向けにシャーシー供給も行う。現行モデルのボデーはアルミ素材の積極的な採用や強度が不要なパネル類のスチール骨格廃止で，500kgもの軽量化を実現。さらに標準エンジンを新開発のA15型（排気量9ℓ）にダウンサイジングし，同車型比で1トン以上軽量化している。またCNG車には排気量9.5ℓの6気筒ガスエンジンを設定する。特徴的な装備として，小型モーターとスーパーキャパシタを組み合わせたMANエフィシエント・ハイブリッドを設定し，減速エネルギーの回生とエンジンのスムーズな再始動，停止時の車両電力供給を行う。

　EVモデルのライオンズシティEは12m単車と18m連節車が設定される。単車は2019年にプロトタイプが登場したのち2020年5月に量産モデルが発売され，連節車は2021年からの量産を予定している。単車・連節車とも駆動系は共通で，単車は後軸を，連節車は中軸と後軸に各々設置されたモーター（定格出力160kW）で駆動する。走行用バッテリーはVWグループのモジュールを採用する。総容量は単車：480kWh／連節車：640kWhとなる。一充電あたり航続距離はおよそ200kmで，最適条件では270kmに及ぶ。

　EUでは電動駆動系採用車はGVW30トンまで緩和されており，連節車はそのメリットを最大限活用し，最大乗客定員120人を確保する。バッテリーをルーフに配置するため，車内最後部を5人掛け座席として有効活用する。

ライオンズシティEの運転席回り

ライオンズシティG CNG車．MAN E18型ガスエンジン（出力206kW）と総容量1,875ℓのガスシリンダーを搭載

車 種 名		MANライオンズシティ	
		12E	18E
扉　　数		3	4
定員例（座席数）	（人）	88（25）	120（43）
全　　長	（mm）	12,200	18,100
全　　幅	（mm）	2,550	2,550
全　　高	（mm）	3,320	3,320
ホイールベース	（mm）	6,005	5,200+6,680
オーバーハング	（mm）	2,775	2,775
	（mm）	3,405	3,405
許容総重量	（kg）	19,500	29,900
モーター仕様		シングルモーター	ツイン（中・後軸）
定格／最高出力	（kW）	160/270	160/270 x2
最大トルク	（N·m）	2,100	2,100 x2
駆動バッテリー		三元系Li-ion	三元系Li-ion
バッテリーパック数		6	8
総 容 量	（kWh）	480	640
懸架方式	（前）	独立懸架	
	（中・後）	車軸懸架	
タイヤサイズ		275/70R22.5	275/70R22.5
航続距離	（km）	200～270	200～270

ソラリス・ウルビノ

ウルビノ15LEエレクトリック

ソラリスはポーランドを代表するコーチビルダーで，1996年以来ボレホヴォ工場でバスを生産しており，2020年12月に生産2万台を達成した。記念すべき2万台目は，首都ワルシャワのMZA向けウルビノ18エレクトリックである。

ソラリス・ウルビノは1999年に初代が登場し，2014年に第2世代に進化した。ウルビノはモデル名の数字が車体長を示し，車型はノンステップを基本に，ローエントリーのLEと都市間路線向け12／12.8m高床車のインターウルビノが設定される。駆動系はカミンズまたはパッカー製エンジンが標準で，ハイブリッドにも対応する。

ソラリスは2013年に純電気仕様のウルビノ・エレクトリックを発表し，現在は第4世代となっている。EVモデルが設定されているのは8.9LE，12，18と，2020年10月に新設定された15LEである。駆動系は12m車がインホイールモーターのZF AVE130を，それ以外はモーター1基のセントラルドライブ方式を標準とする。駆動用バッテリーは最大470kWhまで搭載できる。

2019年6月，新たな低公害車となる"ハイドロジェン"燃料電池車が登場した。このモデルは出力70kWの燃料電池とリチウムイオンバッテリー，約1,500ℓの水素シリンダーを搭載し，一充填あたり航続距離は350kmに及ぶ。駆動系はZF AVE130のみで，セントラルドライブのオプション設定はされない。

ウルビノ12ハイドロジェンとその車内

車　種　名		ソラリス ウルビノ	
		15LEエレクトリック	12ハイロドジェン
扉　　数		3	3
定員例（座席数）	（人）	105(51)	87(29)
全　　長	(mm)	14,890	12,000
全　　幅	(mm)	2,550	2,550
全　　高	(mm)	3,400	3,300
ホイールベース	(mm)	7,000+1,690	5,900
オーバーハング	(mm)	2,750	2,700
	(mm)	3,450	3,400
許容総重量	(kg)	25,000	19,200
最小回転半径	(m)	11.9	10.7
モーター仕様		シングルモーター	ZFインホイール
出　　力	(kW)	300	125 ×2
駆動バッテリー		三元系Li-ion	三元系Li-ion
総　容　量	(kWh)	470	30
懸架方式	（前）	ZF独立懸架	
	（中・後）	ZF車軸懸架	
タイヤサイズ		295/80R22.5	n.a.
燃料電池		－	バラードFCムーブHD
出　　力	(kW)	－	70
水素量	（ℓ）	－	312 ×5
航続距離	(km)	250	350

EBUSCO 2.2/3.0

Ebusco 3.0

オランダの電気バスメーカーEBUSCOは2012年に初の電気バスとして1.0を発表した。その後はバッテリーの大型化や高電圧化，モーターの高出力化など各部の改良を重ねて2.1，2.2へと進化している。

最新モデルは2019年10月に発表された3.0で，炭素繊維製フレーム材や複合素材の採用，ボデー各部の構造の見直しなどを行い，強度や耐久性，安全性を犠牲にすることなく車両重量をおよそ1/3低減し，一充電あたり500kmの航続距離を実現する。なお2.2は2018年以来，中国の厦門で生産されているが，Ebuscoでは3.0からはオランダでの生産を予定している。工場は北ブラバント州ドゥールネに置かれ，2021年3月から量産を開始する。

現行量産車の2.2は，アルミニウム構造の軽量ボデーに，単車：シングルモーター，連節車：インホイールモーターアクスル（ZF AVE 130）と最大容量423kWのリン酸鉄リチウムイオン電池を組み合わせており，一充電あたり航続距離は450kmに達する。EBUSCOではこの長い航続距離を強みとしており，車庫で夜間緩速充電を行うと1日の運行に必要なエネルギーを蓄積でき，運行途中での急速充電が不要となるためインフラ投資も抑制できる。また急速充電はバッテリーへの負荷が大きく，繰り返すと航続距離や寿命に影響が出るがその影響も抑制できる。なお緩速充電の所要時間は単車：3～4.5時間程度，連節車：4～6時間程度とされる。

➡現行量産車2.2。オランダやドイツの事業者がメインユーザーである。これまでは単車のみだったが，近々の連節車のデビューに向けて準備が完了したと発表されている
⬅⬇2021年から量産開始予定の次世代モデル3.0の車内とリヤスタイル。2.2と比べ約3トン軽量化されている

車種名		EBUSCO	
		2.2	3.0
扉　数		3	3
定員例(座席数)	(人)	90(38)	95
全　長	(mm)	12,000	12,500
全　幅	(mm)	2,550	2,500
全　高	(mm)	3,375	3,200
ホイールベース	(mm)	5,850	6,750
オーバーハング	前(mm)	2,750	2,650
	後(mm)	3,400	3,100
車両重量	(kg)	12,850	8,350
許容総重量	(kg)	19,000	18,000
モーター仕様		シングルモーター	シングルモーター
最高出力	(kW)	270	250
駆動バッテリー		リン酸鉄Li-ion	リン酸鉄Li-ion
総容量	(kWh)	475	n.a.
航続距離	(km)	450	500

ポルトガル

カエターノ e.シティゴールド

H2.シティゴールド

　カエターノはポルトガルを本拠とする独立系コーチビルダーで，主に欧州向けにバスを供給している。同社はトヨタコースターをベースにオリジナルボデーを架装するなど，日本との縁も深い。シティゴールドは独立シャーシーに架装するシティバスで，ディーゼル車は主にMANとボルボ製シャーシーに架装している。ボデーはモジュラー構造によりローエントリーとローフロアが設定され，右ハンドル車も対応する。

H2.シティゴールドの客室

バルセロナ向けH2.シティゴールド

　2016年にEV仕様のe.シティゴールドが発表され，2017年10月から量産を開始した。e.シティゴールドは全長10.7／12mで，頑丈なスチール製シャーシーと軽量アルミニウムボデーに，シーメンス製モーター（出力180kW）を組み合わせる。駆動用バッテリーはルーフ部に配置し，三元系リチウムイオン（最大385kWh）と夜間緩速充電方式が標準となる。オプションのパンタグラフ式急速充電を選択した場合，バッテリーはLTOリチウムイオン（最大100kWh）となる。

　2019年10月，燃料電池仕様のH2.シティゴールドが発表された。このモデルはシリーズ共通のボデーにトヨタ製燃料電池とシーメンス製モーター，走行用バッテリー（LTO，容量29～44kWh）を組み合わせる。なお燃料容器は容量312ℓ×5本をルーフに登載しており，水素の満充填に要する時間は9分程度とされた。実車はフランスやドイツで試験運行が行われるほか，右ハンドル車がロンドン交通局やアイルランドでの試験運行に供される。また量産モデルは8台を発注したバルセロナがローンチカスタマーとなる。

　なお同社は電気バスシャーシー単体での供給にも対応する。

車 種 名		カエターノ	
		e.シティゴールド	H2 シティゴールド
扉　　数		3	3
定員例	（人）	87	64
全　　長	（mm）	11,995	10,740
全　　幅	（mm）	2,500	2,500
全　　高	（mm）	3,200	3,458
ホイールベース	（mm）	5,845	4,590
オーバーハング	前(mm)	2,675	2,675
	後(mm)	3,475	3,475
車両重量	（kg）	12,300	n.a.
許容総重量	（kg）	19,000	n.a.
モーター型式		シーメンス	
モーター仕様		シングルモーター	
最高出力	（kW）	180	
駆動バッテリー		三元系Li-ion	LTO Li-ion
総容量	（kWh）	385	29～44
懸架方式	（前）	ZF 82 RL EC独立懸架	
	（後）	ZF車軸懸架	
燃料電池		－	トヨタFCスタック
出　力	（kW）	－	60
水素量	（ℓ）	－	312×5(37.5kg)
航続距離	（km）	300	400

エルドラド・ナショナル アクセスFC

エルドラド・ナショナルはアメリカ・カリフォルニア州のコーチビルダーである。ラインアップはカッタウェイシャーシーに架装するミニバスから中・大型シティバスまで幅広く，アメリカ市場向けアレキサンダー・デニス エンヴァイロの組み立ても担当した。

アクセスは2001年に登場した大型ノンステップバスで，2010年に「BRTスタイル」と称する流線形フロントマスクが設定された。2015年からはBRTスタイルのみ生産されている。ボデーは全長35フィート（約11m）と40フィート（約12m）の2タイプが設定され，駆動系はカミンズ製9ℓエンジン（ディーゼル，CNG，LNG）およびアリソン製ハイブリッドを採用する。

エルドラド・ナショナル アクセスFCとその車内

アクセスFCは2018年に登場した燃料電池バージョンである。車両はバラード製FCヴェロシティHDモジュール（出力150kW）をエンジンルームに搭載，ルーフ部の走行用リチウムイオンバッテリー（容量11.2kWh）と合わせて，BAEシステムズ製ハイブリドライブ（出力200kW）により後軸を駆動する。搭載水素量は50kgで，一充填あたり航続距離は260マイル（約416km）に達する。フル充填に要する時間は20分以内とされた。このほか一充填あたり航続距離を300マイル（約480km）に延長する大容量シリンダーの設定が検討されている。アクセスFCの車両重量は3万4,800ポンド（約16トン）である。

ノヴァバスLFS

ノヴァバスはカナダ・ケベック州の大手バスメーカーである。同社は1979年にGMのシティバス工場として設立され，2004年からはボルボグループの一員となっている。

大型ノンステップバス・ノヴァバスLFS（ローフロアシステム）は1996年に初代が登場したモデルで，フロア形状の変更や駆動系配置の見直し，デザイン手直しなど数次にわたる改良を経て，現行モデルは2013年に登場した第4世代である。ボデーはステンレス製骨格にグラスファイバーや樹脂製パネルを組み合わせており，全長40フィート（約12m）単車と62フィート（同18.9m）連節車の2タイプが設定される。駆動系はカミンズISL8.9型（単車：280hp，連節車：330hp）とアリソンまたはZF製ATの組み合わせが標準となる。またディーゼルに代えて，カミンズISL-g型ガスエンジンも選択できる。ハイブリッド駆動系は，カミンズISB6.7型（出力280hp）とBAEシステムズ製ハイブリドライブを組み合わせる。

ノヴァバスLFSe+

ノヴァバスの電気バスはプロトタイプが2011年に登場し，量産モデルは2014年にLFSeとして発表された。LFSeの駆動系はデーナTM4 SUMO HD（出力230kW）とボルボグループ製バッテリー（容量76kWh）の組み合わせで，パンタグラフを備えて運行経路上での急速充電を前提とする仕様で展開される。

2019年10月，新たにLFSe+が登場した。駆動系はBAEシステムズ製となり，564kWhもの大容量バッテリーを搭載することで，一充電あたり航続距離340〜370kmを達成している。充電はプラグイン方式のほかボルボグループ共通のパンタグラフ式充電にも対応する。

ヒュンダイ燃料電池プロトタイプ車

韓国の現代自動車は，バッテリーと燃料電池の双方で駆動系電動化にアプローチしている。バッテリー式EVは2017年に発表されたエレクシティが運行を始めている。エレクシティは全長12mのノンステップバスで，乗客定員は47（うち座席27）人である。リチウムポリマーバッテリー（容量256kWh）とインホイールモーターによる後軸駆動を採用しており，一充電あたり航続距離は約210km（ソウル市内走行モード）である。

2020年8月，エレクシティをベースとする燃料電池プロトタイプ車が，商用車組み立て工場のある全州市で実証運行を開始した。この車両は定員47（うち座席22）人で，燃料電池ユニット（出力90kW）を車体最後部に2基搭載し，走行用バッテリー（容量156kWh）と合わせてモーターを駆動する。なお駆動系の構造はエレクシティから大幅に見直されており，シングルモーター（出力180kWh）となった。搭載水素量は34.5kgで，一充填あたり航続距離は434km（同モード）とされた。満充填に要する時間は15分程度である。

このほか同社からは，2019年10月に大型観光バス・ユニバースをベースとする燃料電池プロトタイプ車が発表されている。この車両

ユニバース燃料電池プロトタイプ

は警察の人員輸送車として開発されたもので，観光タイプの車両を開発したねらいとして，十分な輸送力（乗車定員29人）と必要な装備類の収容力の両立が挙げられた。

プロトタイプ車はエンジンルームに燃料電池ユニットを搭載し，貫通トランクの最前方1スパンに搭載される走行用バッテリー（容量49kWh）と合わせてシングルモーター（最高出力240kW）を駆動する。水素シリンダーはルーフに設置されており，搭載水素量は計1,014ℓである。なお燃料電池システムは，量産燃料電池乗用車ヒュンダイ・ネクソで実績のある出力94kWのユニットである。

ニューフライヤー　エクセルシアー・チャージ

ニューフライヤーはカナダを本拠とする北米最大のバスメーカーである。エクセルシアーは2008年にデビューしたシティバスで，全長35フィート（約11m）／40フィート（約12m）単車と60フィート（約18m）連節車をラインアップする。駆動系はカミンズISL280系エンジンとアリソン製ATの組み合わせが標準で，アリソンおよびBAE製ハイブリッドシステムの搭載に対応する。

電動仕様は2014年に量産が始まり，現在はエクセルシアー・チャージの名で35/40/60フィート全モデルに展開されている。エクセルシアー・チャージは駆動系にシーメンスELFA2電動駆動系を搭載，

さらに連節車は第2軸をZF AVE130インホイールモーターとしてより一層の駆動力を得ている。バッテリーは最大で単車：545kWh／連節車818kWhまで搭載でき，一充電あたり航続距離は単車：260マイル（418km）／連節車275マイル（442km）と謳われる。

2019年に燃料電池仕様としてエクセルシアー・チャージH2がデビューした。チャージH2は40フィートおよび60フィート連節車に設定され，いずれもバラード製燃料電池システムを採用した。搭載水素量は単車が37.5kg，連節車は60kgとなり，一充填あたり航続距離は300マイル（約480km）に及ぶ。

➡エクセルシアー・チャージ．⬇エクセルシアー・チャージH2．走行用リチウムイオンバッテリーは，XALTエナジーおよびA123システムズ製．充電はプラグイン方式とともに運行経路中に補充電するパンタグラフ式が推奨され，パンタグラフによる充電は6分間の急速充電がおよそ1時間の稼働に相当するという

ボルボ9700/9900

ボルボ9700DD

　ボルボバスのシティバスは脱ディーゼル化を進めており，欧州向けラインアップはハイブリッドまたはEV化が完了したが，観光車は引き続きディーゼル車が主役である。同社はコーチビルダー向けに各種観光バスシャーシーを供給する一方で，メーカー完成車をヨーロッパおよびアメリカで展開する。

　9700/9900シリーズは2001年に初代が登場した観光車で，2018年に第2世代へと進化した。9700は全高3.65mの主力ハイデッカー観光車で，全長12／13／14mの車型に加え，2019年に新たに15m車が設定された。15m車は最大乗客定員65人を実現しつつ，豪華旅行車ならではのゆったりとした室内空間を併せ持つ。9900は全高3.85mのフラッグシップスーパーハイデッカーで，車体長は12／13／14mの3タイプである。客席は旧ドレクメーラーの流れを汲むシアターシートアレンジメントを特徴とする。駆動系は，排気量11ℓのボルボD11K型ユーロⅥエンジン（出力380/430/460hp）とAMTのボルボI-シフトが標準で，460hp仕様はバイオディーゼル燃料も使用可能である。

　2020年2月，9700に観光貸切および長距離都市間路線をターゲットとしたダブルデッカー9700DDが追加された。北欧では長距離バスの需要が急増しており，事業者からは輸送力と快適性を両立できるダブルデッカーへの需要が高まっていたことが開発の背景にある。9700DDはシングルデッカー同様の快適性と安全性を備えつつ，乗客定員は最大96人もの輸送力を特徴とする。

←ボルボ9700DDの2階客室．用途により多彩なシートレイアウトに対応する

➡トイレを備えるボルボ9700DDの1階客室．乗客シートはいずれもボルボ内製のもので，人間工学に配慮した快適性を売りとする

車種名		ボルボバス	
		9700 15.0M	9700DD
扉　数		2	2
定員例	(人)	65	96
全　長	(mm)	14,955	14,800
全　幅	(mm)	2,550	2,550
全　高	(mm)	3,650	4,250
ホイールベース	(mm)	7,090+1,400	7,160+1,400
オーバーハング	前(mm)	2,895	2,810
	後(mm)	3,570	3,430
許容総重量	(kg)	26,500	26,500
最小回転半径	(m)	12.0	12.5
荷室容積	(㎥)	11.4	7.5
エンジン		D11K 380	D11K 460
仕　様		直6	直6
総排気量	(ℓ)	10.8	10.8
最高出力	(kW)	280	339
最大トルク	(N·m/rpm)	1,800/950-1,400	2,200/1,000-1,400
変速機		ボルボI-シフト12速AMT	
懸架方式	(前)	ボルボ独立懸架	
	(後)	ボルボ車軸懸架	
タイヤサイズ		295/80R22.5	315/70R22.5
燃料タンク容量	(ℓ)	480	615
尿素水タンク容量	(ℓ)	64	64

ユートン（宇通客車）TCe12

ユートンTCe12右ハンドル車

　中国の鄭州宇通客車：ユートンは年間6万台ものバスを生産する大手メーカーで，2019年度の中国市場でシェア37％を持つトップメーカーである。同年度の宇通の生産台数のうちおよそ1/3がEVなどの"新エネルギー車"である。バス修理工場として発足した宇通は1993年から車両生産に乗り出し，2000年代初頭から完成車やノックダウンなどで海外市場に積極的に参入している。宇通では2012年に新エネルギー車専門工場を立ち上げており，2017年にはフランス向けに観光タイプ電気バスの輸出に成功した。現在はフランスに部品拠点を置き，イギリスなどでも本格的に拡販を進めている。

　TCe12は2017年に欧州デビューを果たした観光タイプ電気バスである。フランスでは主に都市間路線用途として，既に70台余りが稼働している。このモデルは全長12.5mの2扉ハイデッカーボデーに最大乗客定員49人の収容力を持ち，またバリアフリー対応として中扉は車椅子リフトユニットの設置を可能とする。

　駆動系は自社製シングルモーター（最高出力350kW）とCATL製リン酸鉄リチウムイオンバッテリー（総容量281kWh）の組み合わせで，一充電あたり航続距離は300kmを超える。急速充電器を使用した場合，満充電に必要な時間は2時間未満とされる。

ドイツの格安長距離路線バス大手フリックスバスが，フランス・パリ発着路線で採用したTCe12（写真：フリックスバス）

↰乗客定員46人仕様の車内
↓右ハンドル車の運転席

車種名		ユートン（宇通客車）TCe12
扉　　数		2
定員例	（人）	46+1+1
全　　長	（mm）	12,465
全　　幅	（mm）	2,550
全　　高	（mm）	3,470
ホイールベース	（mm）	6,350
オーバーハング	前（mm）	2,670
	後（mm）	3,445
許容総重量	（kg）	20,500
最小回転半径	（m）	9.8
荷室容積	（㎥）	3.5
モーター型式		宇通TZ368XSYTB04
モーター仕様		シングルモーター
最高出力	（kW）	350
最大トルク	（N·m）	2,400
駆動バッテリー		リン酸鉄Li-ion（CATL）
総容量	（kWh）	281〜375
ステアリング		ZF8098電動油圧式
懸架方式	（前）	ZF独立懸架
	（後）	ZF車軸懸架
タイヤサイズ		295/80R22.5
最高速度	（km/h）	90
航続距離	（km）	320〜350

歴史編

1990〜1993 バスラマが出会ったバス達

2020年6月に創刊30周年を迎えたバスラマでは，1990年の創刊時から現在まで内外の様々なバスを紹介してきた。この間，取材に際して無数ともいえる写真を撮影してきたが，今回の歴史編は創刊から約3年間に撮影した中から約30点を選び，カラーで紹介する。

当時の製版・印刷技術は1990年代の後半まで，カラー印刷の再現性には原則カラーポジフィルムが欠かせないとともに，カラープリントをモノクロ印刷に使用すると諧調性や精細性が損なわれる傾向にあった。そのためカラーページが限られていたバスラマでは，使用ページによってカラーとモノクロを撮り分ける作業を行っており，それが，1990年代のカラー写真のアーカイブスが比較的限られることにつながっているのも事実である。今回はカラーポジフィルムの中から未掲載シーンや，これまでモノクロでしか紹介してこなかったバスなどを取り上げた。

⬆バスラマが創刊した1990年8月はバブル経済の末期だったが，貸切バスの需要は上向きで，その勢いはしばらく続いた。1991年春，高速道路のサービスエリアに並んだ読売観光バスの富士重工製ハイデッカー2台と，富士急行の日産ディーゼルスペースウイング（2軸車）5台。奥に国際興業のいすゞLVがいる

➡1991年5月に取材した日の丸自動車興業の最上級貸切車「コンコルド」（ネオプランN117）。右上車内は後方サロンから前方を見たところ。「コンコルド」は，パイオニアが1990年に発売したばかりのカーナビ「サテライトクルージングシステム」を，現在走行位置の表示などが可能な乗客向けサービス機器として搭載した点も特徴だった

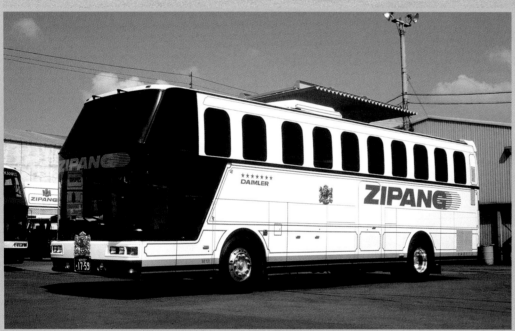

↑1990年代初頭，２階建てバスは貸切バスでのブームは一段落していたが，定期観光バスではハイアイポイントを売りに，高い人気を誇った．1990年夏，大阪駅前に並んだ大阪市交通局の1983年式ドレクメーラーE440メテオール(左)と1988年式日野グランビュー(右)

←1991年に登場した中央観光バス(大阪)の「ZIPANG DAIMLER」．富士重工製のいすゞUFC（U-LV771R）をベースにパーテーション付シートや後部サロンを採用，シート表皮には高級輸入布地を用いるなど，贅を尽くした車両だった

◀名鉄系の一宮観光自動車が1991年に導入した「パンプキンエクスプレス」．JTBによる名古屋－東京ディズニーランド間ツアーの女性専用車で，４列32席，また右側中央部床下にはトイレに代えて更衣室を備えていた．車種は貸切・夜行高速で人気の高かった三菱ふそうエアロクィーンM（U-MS729S）

↓1990年代初頭，新聞などに広告を打ち電話で受注する「メディア販売」の会員募集バスツアーが大きく伸長した．1991年春，観光地でバスを降りるツアー参加者達．左に見えるのは日本交通（東京）の三菱ふそうエアロバス

バスラマが創刊した当時は都市間高速バスの開業ブームの最中で，国内ニュース欄では毎号いくつもの路線開設が報じられた．夜行路線にはスーパーハイデッカーが採用されるケースが多かったが，1991年にはJRバス関東とサンデン交通が初めて2階建てバス（三菱ふそうエアロキング）を東京一下関間に導入した．写真はその後1992年にJRバス関東が東名線に投入したエアロキング（U-MU525TA改）

1987年に富士重工が発売したボルボ／富士重工エアロステローベは，ミッドシップエンジンシャーシーによる後部2階建て構造などが特徴で，ハイグレード貸切車のほか都市間高速路線にも起用された．庄内交通はアステローベ発売前にメーカーから供試車の提供を受けるとともに，発売後は10数台が路線・貸切で稼働した主要ユーザーの一つ．写真は酒田・鶴岡一東京間の夜行路線「夕陽号」用のP-B10MB

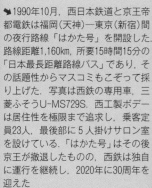
1990年10月，西日本鉄道と京王帝都電鉄は福岡（天神）一東京（新宿）間の夜行路線「はかた号」を開設した．路線距離1,160km，所要15時間15分の「日本最長距離路線バス」であり，その話題性からマスコミもこぞって採り上げた．写真は西鉄の専用車，三菱ふそうU-MS729S．西工製ボディーは居住性を極限まで追求し，乗客定員23人，最後部に5人掛けサロン室を設けている．「はかた号」はその後京王が撤退したものの，西鉄は独自に運行を継続し，2020年に30周年を迎えた

In our historical section starting from page 79, we introduce to you photographs that were taken during the approximate 3-year period after Busrama was first published in 1990 including scenes which had never been introduced before as well as vehicles that we had not been able to introduce in color. The bubble economy had burst, but Japanese buses still had energy and vehicles had been distinctive.

↟1993年発刊のバスラマスペシャル『都営バスの本』の取材で撮影した1コマ，秋葉原の電気街を葛西駅に向かう《秋26》系統．現在のバスターミナルは東口交通広場に移転したが，秋葉原の性格も電気街からアニメ・ゲームなどサブカルチャーの街へと変化した．バスは1990年度導入の日野U-HT2MLAA

➡1991年の新宿駅西口．中央の小田急バスは新宿から武蔵境駅に向かうロングラン系統の《境44》．戦後，都営・民営相互で開設された東京一新宿一武蔵境間が短縮された系統で，2000年代でも1日10回を維持していたが，現在では1日2回のみの路線維持系統となった．車両は三菱ふそうエアロスターM（P-MP218M）．周囲に見える京王バスも，いずれもエアロスターMである

↘1991年当時の最新路線車から，東急バスの三菱ふそうエアロスターM（U-MP218K）．1990年代後半にワンステップバス，ノンステップバスが登場するまで，首都圏のバスはリーフサスが標準的だった

↓バスラマにはこれまで様々な環境対策バスが登場したが，写真はその最初の例といえる日野HIMR．現在の日野ブルーリボンハイブリッドのルーツだが，当時は燃費低減よりも排出ガス削減が強調されていた．また駆動用バッテリーは鉛電池であった．1991年12月から全国6都市で運行開始したHIMRの1台，大阪市交通局のU-HU2MLA改

1992年1月の初の沖縄取材で．1978年7月30日の交通方法変更 "ナナサンマル" で導入された右ハンドル車，琉球バスの日産ディーゼルU20Hが那覇市内を行き交う．ナナサンマル車は本島4事業者が計約650台を導入したが，2000年代まで活躍した例も多く，バスファンの注目を集めた

各地の路線車から．北陸鉄道の1982年式三菱ふそうK-MP118M．同社の冷房車では比較的初期のグループで，中4枚折戸の低床車．1993年の取材時には経年車の部類だった

創刊号のアステローベ取材で訪れた羽後交通の一般路線車から．右は大型車幅9m車の三菱ふそうMMで，推定型式はMM104H．左隣はいすゞLR．中古車導入が本格化する前の自社購入車

1991年5月，急行便で青森県弘前に到着した大館発の秋北バス．首都圏では数を減らしつつあったいすゞBUで，推定型式は短尺のBU04または04D．中折戸を持つ自社購入車である

1993年7月，トヨタコースターキャンピング仕様の試乗で訪問した頸城自動車糸魚川営業所で．同所の最古参，1979年式いすゞECM430．メーカーの北村製作所は1993年時点では既にバス事業を小型バス製造に集約していた

↑1992年5月の下津井電鉄訪問の際，与島のフィッシャーマンズワーフ付近で，児島駅からの瀬戸大橋観光と離島住民のアクセスの2つの役割を持つ路線だが，利用者の減少で2021年3月末日限りでの廃止が予定されている．左のバスは下津井電鉄の1982年式日産ディーゼルK-UA31N，右は坂出行を示す琴参バスの三菱ふそうP-MS725S

←1993年5月，東武鉄道前橋営業所で撮影した貸切改造の一般路線車．1978年式日野RV731P／富士重工．当時の東武バスは東武沿線に広範な路線を擁していたが，ローカル路線向けには経年貸切車を転用してコスト削減を図っていた．なおその後の1980年代の車両では中扉を増設せずに転用している．現在，この種の改造車は東武博物館に運転シミュレーターとして残されている

↓京都府内に広範な路線を展開していた京都交通の亀岡営業所で1991年撮影．中央の中型車は日野P-RR172CA，左隣は三菱ふそうMMのようだ．現在，京都交通は日本交通系の（新）京都交通と，京阪系の京阪京都交通の2社が継承している

↓1992年9月，京王プラザホテル札幌の前で大夕張に向けて待機する，美鉄バスの1978年式三菱ふそうMS513N．同社は2002年3月をもって事業を終えた

↑1992年5月，上野広小路．上野一浅草間の2階建てバスの1981年式ネオプランが新車に代替された時の1コマ．試乗会で浅草に向かう青い新車のネオプラン2台と，営業運行でやってきた赤い1988年式ネオプランが見える．地元の商業団体が東京都交通局に委託して運行した路線で，1978年に期間限定で運行され，日本での2階建てバスブームにも影響を与えた"ロンドンバス"（豪州のレイランド中古車を使用）が前身である

➡かつて全国的に普及した側天窓付観光バスは，北海道では層雲峡観光に向けて比較的遅くまで導入が続いた．写真は十勝バスの1966年式日野RB10で，1991年の撮影当時は定期観光に就役していたが，既に車齢25年と，道内屈指の古参営業車だった

↘創刊当時，ボンネットバスは観光路線に使用されるケースが多かったが，群馬県の上毛電気鉄道は1966年式日野BH15／帝国のワンマン仕様を，地域のバス活性化を目的に市街地路線で使用していた．1992年4月，前橋市内で．なおこの車両は現在日野自動車で保存されている

↓観光路線で使用されたボンネットバスの例，東海自動車の「伊豆の踊子号」2号車．1966年式いすゞBXD30／帝国．プロパーの1964年式1号車に対して奈良交通～鞆鉄道の経歴を持つ移籍車で，その後東海自動車から転出した

↑1992年9月，岩見沢駅前で．左から，JR北海道の日野HU，同RC，北海道中央バスの三菱ふそうMP，いすゞLVが並ぶ．岩見沢駅は2000年に旧駅舎が焼失し2009年に現在の複合駅舎に一新，イメージを改めた．一方でバス路線はJRが撤退するとともに，北海道中央バスは子会社の空知中央バスに運行管理委託している

←№13で特集した九州産業交通グループのローカルエリアから，1992年7月の産交観光バス阿蘇営業所．左から，いすゞLR，いすゞBA，貸切からの用途変更車が並ぶ．このうちいすゞBAは前扉付で最短尺のホイールベース3.9m車をナローボデーにしたBA05Nで，当時18台が稼働していた．スタイルは川崎だが，実際の製作は地元熊本の松本車体である．右の元貸切車は富士重工製で日野車のようだが，詳細は不明

1990年11月，東京空港交通習志野事業所に並んだ連節バス．1985年のつくば科学博シャトルバス用に富士重工で100台製作されたボルボB10M連節バスの一部が，科学博終了後にリムジンバスに転用されたもので，撮影当時は一時期ランプバスで使われた3台を含めた20台が，高速道路のみを利用する成田空港—TCAT間に就役していた．なお富士重工ではこれらの経験を元に，1998年に一般路線用のボルボ連節バスを完成し京成バスに納入した

「発車オーライ　見積モジュール」

工房

貸切バス運行管理システム「発車オーライ」を販売している工房は，新たに貸切バスの見積作業を簡便化するシステム「見積モジュール」を開発した。この「見積モジュール」は，昨今の法改正（新運賃・料金制度）に伴い，バス事業者の見積作成作業の負担軽減と，見積をデータベース化することで，データの有効活用を図るものである。

「見積モジュール」では，運行ルートの策定，走行距離・時間の算出についてGoogleMapと連動しており，リアルタイムで運賃料金の上限・下限額の計算ができる。作成したデータは見積書，運送引受書の作成にそのまま利用でき，さらに行程表や運行指示書の作成にも活用できる。またGoogleMapとの連動で，ストリートビューで路面やカーブの状況など道路環境の詳細も確認できる。

「見積モジュール」は，従来の「発車オーライ」との連携も可能だが，工房では単体での販売も検討している。

〈お問い合わせ〉
㈱工房　本社
☎ (048)227-0555
URL　https://www.khobho.co.jp

➡ GoogleMapと連動して走行距離・時間を算定し，運賃料金の上限・下限額の計算が簡単にできる

ストリートビューで状況確認

見積をデータベース化

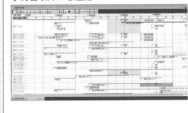
新料金制度に対応

予約書以降にも連動

LED式行先表示器

レシップ

レシップはオールカラータイプのLED式行先表示器を発売している。表示をカラー化することで，よりわかりやすい表示を実現している。このLED式行先表示器は次の特徴がある。

● 色数が豊富で色分けやマークの活用など多彩な色づかいが可能である。従来機種に比較してLEDドット数を増やすことで，小さい文字やイラストなども表示でき，描写力を向上させている。さらに高輝度・高視野角LEDの採用により，直射日光下でも高い視認性を確保している。

● 各種ワンマン機器との連動が可能で，ドライバーの負担軽減や操作ミスの軽減が図れる。

● 編集ソフトを使用して，自社で行先表示データの書き換えが可能である。

〈お問い合わせ〉
レシップ㈱　バス営業部　☎ (058)323-5037
URL　http://www.lecip.co.jp

前面

側面（フルドット）

LED式行先表示器仕様

	前面	側面（フルドット）
形式	DFE-C11CC-02	DFE-C22CC-02（FD）
表示色	32,768色	32,768色
ドット数	192x40ドット	160x96ドット
定格入力電圧	DC26V（DC18～32V）	DC26V（DC18～32V）
消費電流　※	4.8A	5.6A
質量	15kg以下	12kg以下

※点灯率：50%　輝度：100%　DC26V 光度制限なしの時

新型コロナウイルス飛沫感染対策ツール　　　　エムビーエムサービス

エムビーエムサービスは三菱ふそうローザに対応する，新型コロナウイルス飛沫感染対策ツールを発売した。各製品を紹介する。

●プラズマクラスター：菌・カビ・ウイルス，嫌な臭いを分解・除去する。ローザでは客席天井に最大２基まで配置できる。

●消毒噴霧器：赤外線自動センサーにより３〜10cmの範囲で自動噴射する手指消毒用噴霧器。

●運転席後飛沫防止ガード（写真①）：飛沫防止のため客席と運転席を仕切るパネル。運転席ヘッドレストのバーに差し込むだけで容易に取り付けられるとともに，ポリカーボネート製で耐衝撃性・耐熱性・透明性に優れる。

●側窓ウィンドバイザー（写真②）：雨天の時も車内換気を可能にすると

ともに，迅速な車内換気に貢献する。

●光触媒除菌・脱臭器　壁掛けタイプ（写真③）：光触媒技術により車内空間のあらゆる臭い，菌に対応し，有機物を分解する機器。後部扉付のローザでは荷物室の仕切り壁に設置する。

●光触媒除菌・脱臭LED電球（写真④）：除菌・脱臭とステップ照明を兼用するLED電球。光触媒で常時除菌と脱臭を行うとともに，人感センサーを搭載し，乗客を感知することで乗降中のみステップ照明をONにする。

〈お問い合わせ〉

㈱エムビーエムサービス

☎(076)466-2485　URL　http://mbms.info

①運転席後飛沫防止ガード

②側窓ウィンドバイザー

③光触媒除菌・脱臭器　壁掛けタイプ

④光触媒除菌・脱臭LED電球

ドライブレコーダー一体型デジタルタコグラフ「DTG7」　　矢崎エナジーシステム

矢崎エナジーシステムの「DTG7」はドライブレコーダーの機能を備えたデジタルタコグラフで，運行管理・記録の機能だけでなく，車線逸脱警報や，前方車両や後退時の接近情報など，ドライバー安全運転支援の機能も備えている。

記録方式は常時／トリガーの同時記録タイプで，記録したデータの転送はSDカード，LTE通信，無線LANの３種類の方式から選択できる。LTE通信はデジタコでは初となる画像・音声の高速データ通信で，記録した画像・音声（ライブ動画，４秒・20秒・60秒間動画）をリアルタイムで営業所などに送信できる。そのため危険運転や突発的なトラブル（バスジャックなど）の営業所への通報や営業所からのメッセージの送信が可能であるとともに，これらの動画を営業所のパソコンに保存することもできる。またSDカードや無線LAN方式は通信費が発生しないので，低コストでの運用を求めるニーズに適している。

カメラは最大６台まで接続でき，ハイブリッドカメラ，赤外線カメラ，連動バックカメラ，180度カメラにも対応し，独自技術により映像解析

速度を向上している。カメラによる画像認識および予防安全機能は，高速走行時（60km/h以上）に道路車線を認識して，車線逸脱時やふらつき走行で警報を発する「車線逸脱警報」，高速走行時に前方車両を認識し，設定された車間時間に応じて警報を発する「車間距離警報」，道路標識を認識して，横断歩道接近警報，制限速度確認警報を発する「路面標示認識」の機能を有するほか，180度カメラにより後退時の接近物（歩行者や自転車）を認識し警報を発する「接近物警報」，路面の「止まれ」の標示（縦並び）を認識し，設定値以上の速度や設定値以内の距離で停止しない場合に音声で警告する「路面標示止まれ検知」の機能も新たに追加された。

近年新車のバスには予防安全装置が標準装備されるようになってきたが，「DTG7」は使用過程車の安全機能の強化に有効である。

〈お問い合わせ〉

矢崎エナジーシステム㈱ 計装営業統括部　☎(0547)37-2601

URL　https://www.yazaki-group.com

DTG7と高解像度カメラ

新たに設定された
180度カメラ

リビルドターボチャージャー

ターボテクノサービス

　ターボテクノサービス（以下TTS）は，バスをはじめトラック・建設機械・軽/普通車まで，あらゆる車両・エンジンに搭載されているターボチャージャー（以下ターボ）専門のリビルドメーカーとして，年間の販売台数は2万台を超える実績を誇っている。

　バス用ターボのアフターマーケットの現状としては，特に2005年の新長期（平成17年）排出ガス規制以降の，VGターボが搭載された初期型車では，エンジンの経年劣化によるブローバイガス増加に起因する，ブリーザーからのオイル吸込み，および炭化物堆積によるVGノズルの作動不具合や，ハーネスの劣化・断線などによる通信/電圧不良に起因した電子アクチュエーターの作動不具合が増加しているという。

　そのような状況の中，TTSが独自に行っている「返却コアの分解調査サービス」は，バス事業をはじめ，あらゆる業界の整備現場から非常に高く評価されている。これは同社で不具合調査したバス・トラック・建設機械ターボのうち，約70％が再発不具合（上記事例など）とのデータに基づき，返却コアの分解調査の精度を上げ，画像付きでレポートをユーザーに提供することで，改善すべき車両側の問題点をあぶりだし，再発不具合の予防に寄与するものである。なおTTSの提供するオンライン発注システム「TTS WEB メンバーズ」を利用することでも，調査レポートと画像をカラーで閲覧できるサービスとなっている。

　TTSは，ターボ専門リビルドメーカーとして磨き続けた高度なリビルド技術を持ち，優れた品質の製品提供のみならず，返却コア調査報告などの，アフターマーケットで真に求められている有益な整備情報を提供するトータルサポート体制をとっている。

〈お問い合わせ〉
㈱ターボテクノサービス 東京本社 ☎(03)3758-3381
URL　http://www.e-tts.com

ポスト新長期（平成22年）排出ガス規制に適合した，いすゞエルガミオ（SKG-LR290J1）に搭載される4HK1型エンジンの2段過給ターボ（高圧側が電子制御式VGターボ）のリビルドにも対応する

鍛造アルミ削り出しインペラ

VGノズル部の修正

オールシーズンタイヤ「SP680」

住友ゴム工業

　住友ゴム工業は2018年2月からバス・トラック用オールシーズンタイヤ「DUNLOP SP680」を発売している。オールシーズンタイヤは，夏タイヤの5〜6割を占めるといわれており，最も多く使用されているタイヤである。

　SP680はロングライフと省メンテナンス（偏摩耗の抑制）を目的に開発され，従来品「SP670」に比べてライフ性能を20％向上し，耐偏摩耗性能でもヒールアンドトー摩耗発生量を45％低減した。走行時にトレッドのブロックの変形を抑制する「ロック・ブロック」，ウエット性能を確保しながら剛性を維持するブロックの中心を横切る「Wavy Lineサイプ（波型サイプ）」，ショルダー部の接地圧を均一にコントロールする「SCTⅢ（スクウェア・コンタクト・テクノロジー・スリー）」などを採用している。このほか同社独自の新材料開発技術「ADVANCED 4D NANO DESIGN」により開発された，カーボンとポリマーの結び付きを強固にした「S.A.微粒子カーボンⅣ」をゴム素材に採用している。これらによりライフ性能と耐偏摩耗性能の向上を図った。

　発売サイズは245/70R19.5 136/134J，10R22.5 14PR，12R22.5 16PR，275/70R22.5 148/145J，295/80R22.5 153/150Jなど20サイズで，価格はオープンである。

〈お問い合わせ〉
住友ゴム工業㈱
タイヤお客様相談室
☎(0120)39-2788
URL　http://tyre.dunlop.co.jp

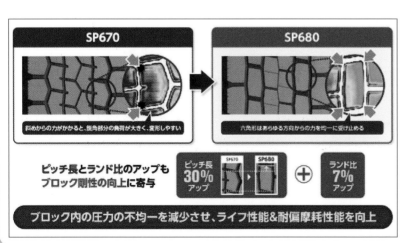

DUNLOP SP680

自動運転バスの動向

実証実験など自動運転バスの2019年11月～2021年2月までの動向を下表にまとめた。実験車両はベース車の名称を記した。カッコ内は保有者である。また実施事業者などの名称は掲載時のものである。

期間	場所	実施主体	車両と実験の概要など	掲載号
2019年11月13日～	奈良県 平城京跡歴史公園	Perceptln Japan・富士通など	マイクロ・ロボットタクシー(Perceptln Japan) 自動運転乗合タクシーの実証実験	178
12月10日～25日	群馬県 渋川駅―群馬大学荒牧キャンパス間	群馬県・群馬大学・関越交通	日野ポンチョ・ロング(群馬大学) 既存路線の臨時便として運行	178
12月16日～18日	愛知県 中部国際空港制限区域内	ZMP，AiRO	アンカイ小型電気バス(ZMP) 自動判断システムや遠隔操作の検証	178
12月20日～23日	福岡県 マリンメッセ福岡	WILLER	ナヴィヤ・アルマ(WILLER) 福岡モーターショー会場で試乗会を実施	178
12月23日～	埼玉県 埼玉工業大学―岡部駅間	埼玉工業大学	日野リエッセⅡ(埼玉工業大学) 同大学のスクールバスとして運行	178
2020年1月22日～31日	東京都 羽田空港内	全日本空輸(ANA)，SBドライブ，先進モビリティ，BYDジャパン	BYD K9(ANA) 遠隔操作による走行，2020年内に試験運用開始	178
1月25日～27日	愛知県日間賀島	NTTドコモ，名古屋鉄道，アイサンテクノロジーなど	日野リエッセⅡ(埼玉工業大学) 観光型MaaSの実験の一環で実施	178
1月27日	茨城県境町 河岸の駅さかい―勤労青少年ホーム間	境町，SBドライブなど	ナヴィヤ・アルマ(境町) 自動運転バスの導入を発表	178
2月3日～29日	福岡県 北九州空港―朽網駅間	産業総合技術研究所(産総研)，西日本鉄道，西鉄バス北九州など	日野ポンチョ・ロング(先進モビリティ) 産総研の中型自動バスの実証実験のプレ実証評価	178
2月7日～8日	神奈川県 横須賀リサーチパーク(YRP)	ヨコスカ×スマートモビリティ・チャレンジ推進協議会	日野ポンチョ・ロング(群馬大学)， 日野リエッセⅡ(埼玉工業大学) 横須賀YRP周辺をデモ走行	179
2月25日～28日	埼玉県川口市 鳩ヶ谷駅―SKIPシティ	川口市，SBドライブ，国際興業など	日野ポンチョ・ロング(先進モビリティ) 遠隔監視・操作による走行	179
6月8日～7月16日	東京都 羽田空港地域	ジェイテクト	日野ブルーリボンハイブリッド(ジェイテクト) SIP(内閣府の事業)の一環で公道主体に走行	181
7月3日	群馬県長野原町 八ッ場あがつま湖	埼玉工業大学，Itbookテクノロジーなど	水陸両用バス(長野原町) 水陸両用バスの自動運転システムの開発	181
7月12日～9月29日	滋賀県大津市 大津駅―びわ湖大津プリンスホテル間	産総研，京阪バス，大津市など	いすゞエルガミオ(産総研) 産総研の中型自動バスの実証実験の一環	181
7月20日～8月23日	兵庫県三田市 ウッディタウン中央駅周辺	産総研，神姫バスなど	いすゞエルガミオ(産総研) 産総研の中型自動バスの実証実験の一環	181
7月27日	神奈川県横浜市 相鉄バス朝日営業所内	相鉄バス，群馬大学，日本モビリティ	日野ブルーリボンハイブリッド(相鉄バス) 遠隔監視・操作による無人走行	181
7月29日	神奈川県横浜市 横浜動物園―里山ガーデン間	相鉄バス，群馬大学，日本モビリティ	日野ブルーリボンハイブリッド(相鉄バス) 遠隔監視・操作による無人走行	181
9月14日～10月31日	愛知県東郷町 町役場―東郷町バスターミナル間	東郷町，瀬戸自動車運送，先進モビリティ	日野ポンチョ・ロング(先進モビリティ)	183
9月18日～	東京都羽田空港地区 HANEDA INNOVATION CITY(HICity)	BOLDLY，マクニカ，日本交通，鹿島建設	ナヴィヤ・アルマ(HICity) 羽田空港隣接の大規模複合施設内を定期運行	182
10月3日～18日	愛知県 中部国際空港島内	愛知県，NTTドコモ，名鉄バス，群馬大学など	日野ポンチョ・ロング(群馬大学) 車載センサーと磁気マーカーの併用による走行	183
10月5日～14日	神奈川県横浜市 横浜動物園―里山ガーデン間	相鉄バス，群馬大学，日本モビリティ	日野ブルーリボンハイブリッド(相鉄バス) 遠隔監視・操作による公道無人走行	182
10月22日～11月29日	福岡県 北九州空港―朽網駅間	産総研，西日本鉄道，西鉄バス北九州	いすゞエルガミオ(産総研) 産総研の中型自動バスの実証実験の一環	183
10月23日～11月16日	大阪府吹田市 万博記念公園内	三井物産，パナソニック，JR西日本，博報堂，凸版印刷	ナヴィヤ・アルマ(BOLDLY) 万博記念公園の活性化を探る実験	182
11月9日～13日	さいたま市浦和美園地区	埼玉高速鉄道，群馬大学，イオンリテール，日本信号など	日野ポンチョ・ロング(群馬大学) 2019年9月に続く2回目の公道走行実験	183
11月12日～15日	岐阜市 岐阜駅周辺	岐阜市，岐阜乗合自動車，群馬大学など	日野ポンチョ・ロング(群馬大学) 路線バスへの導入を目指した実験	183
11月21日	埼玉県 熊谷市陸上競技場	熊谷市，群馬大学，日本モビリティなど	トヨタアルファード(群馬大学) バスの隊列走行に向けた実験	183
11月24日～27日	長野県塩尻市 塩尻駅周辺	塩尻市，アルピコHD，埼玉工業大学，アイサンテクノロジー，ティアフォーなど	日野リエッセⅡ(埼玉工業大学) 高精度3次元地図などにより公道走行	183
11月26日～	茨城県境町 河岸の駅さかい―勤労青少年ホーム間	境町，BOLDLY，マクニカ	ナヴィヤ・アルマ(境町) 定期運行を開始	183
11月30日～2021年3月5日	茨城県日立市 ひたちBRT(多賀駅―おさかなセンター間)	茨城交通，みちのりHD，日立市，茨城県，KDDIなど	いすゞエルガミオ(産総研) 産総研の中型自動バスの実証実験の一環	183
12月17日～25日	静岡県伊東市 伊豆高原駅周辺	東急，名古屋大学，ソリントンシステムズなど	小型バスタイプの電気自動車(タジマEV) 遠隔監視・操作による走行	183
2021年2月15日～28日	群馬県前橋市 前橋駅―中央前橋駅間	NEC，群馬大学，日本モビリティなど	日野ポンチョ・ロング(群馬大学) 営業路線で5G通信による遠隔監視・操作	
2月(予定)	埼玉県飯能市 飯能駅―美杉ニュータウン間	西武バス，群馬大学，日本モビリティ，あいおい同和損害保険など	大型バス 営業路線での運行	

↑浦和美園駅周辺を走行する群馬大学の実験車両（2020年11月9日）

↖横須賀YRP周辺でデモ走行する埼玉工業大学の実験車両．日野リエッセⅡ（福祉車両仕様）がベースである（2020年2月7日）

←遠隔操作・監視システムの例．HICityではBOLDLYの「ディスパッチャー」を採用している．操作・管理は日本交通が行っている（2020年9月18日）

トヨタ，「e-Pallete」の実用化に向けて始動

　トヨタ自動車は2020年12月22日に，自動運転小型電気バス「e-Pallete」（eパレット）の運行管理システムを発表した．車両は2019年10月の第46回東京モーターショーでお披露目されたが，今回運行管理システムが公開され，実用化に向けた道筋が示された．

　運行管理システムは遠隔操作・監視により，1人で複数の車両を操作・監視するもので，「必要な時に，必要なサービスやモノが，時間どおりに構成される」ことを目標に，自動で車両の投入・回送を行う．追加投入によって生じる運行間隔ほバラツキを修正し，等間隔の運行を行うほか，車両の異常を検知した場合は，自動で車庫に回送し，代替車を即座に運行ルートに投入するなど運行計画をフレキシブルに変更する機能を有している．また緊急時には遠隔での車両停止／復帰が可能である．

　車両のサイズは全長5,255×全幅2,065×全高2,760㎜で，ホイールベース4,000㎜．定員は20人である．運用上の最高速度は19km/hを想定している．2021年7月に予定される東京オリンピックで選手村を巡回するバスとして使用されるほか，今後各地で実証実験を行うとしている．なお市販に際しては車両単体での販売ではなく，運行管理システムも合わせたユニットとして販売される．

上は走行するeパレット．右は運行管理システム．スタッフが画面を監視する様子

←停留所の正着システムを装備しており，乗降の路便が図られているが，人員輸送だけではなく，貨物輸送にも対応できる

→eパレットの車内．定員は20人で座席は折り畳み式になっている．車内には非常停止ボタンを備えるほか，手動での運転も可能になっている

本項では国内のバスを巡る1年の動きをバスラマ掲載記事を中心にご紹介する。
各文末のカッコ数字178～183は掲載号を示す。内容は『年鑑バスラマ2019→2020』の続きであり，事業者名・地域名は掲載時のものである。
写真解説中の【　】は撮影者を示す（104ページ参照）。なお自動運転に関わる話題は別表（90ページ）にまとめた。

Movement Of Domestic Buses From Oct. 2019 To Dec. 2020

運行・路線の話題

■一般路線・小規模需要路線・観光路線など
（カッコ内は運行事業者）

2019年10月

1日　愛知県東浦町，「う・ら・ら」のルート見直しなどを実施（知多乗合）。[178]

12月

1日　神戸市の「中央区東部の南北交通を考える会」，「ふきあい南北バス」の試験運行を2020年2月29日まで実施（みなと観光バス）。[178]

2020年1月

26日　広島電鉄・広島交通・広島交通，広島市中心部で「まちのわループ」を運行開始。[178]

2月

1日　奈良交通，十津川観光特急バスの試験運行を3月29日まで実施。

17日　小田急電鉄，新百合ヶ丘駅の周辺でオンデマンド交通「しんゆりシャトル」の実証実験を開始。[178]

21日　日鉄興和不動産，東京都江戸川区内で，マンション専用デマンドバス「FRECRU（ふりくる）」の実験を開始。[179]

22日　京王バス南，めじろ台駅―ゆりのき台間を小型バスで運行開始。[179]

3月

1日　長崎県島原市，「コミュニティバスたしろ号」を運行開始（島原鉄道）。[179]

12日　銀河鉄道，4月17日まで東村山駅東口→新宿駅西口→東京駅丸の内間と東村山駅東口→新宿駅西口間の無料通勤バスを運行。[179]

14日　JR東日本，気仙沼線BRTと大船渡線BRTの一部ルート変更と駅の新設などを実施。[179]

16日　東京都東久留米市はオンデマンド型乗合タクシー「くるぶー」を運行開始。[179]

29日　広島県廿日市市，「さくらバス」のルートを再編（廿日市交通・広島電鉄）。[180]

29日　大阪バス，御堂筋線を開設。[179]

4月

1日　青森県十和田市，「十和田市市街地循環バス」（十和田観光電鉄）と「西地区シャトルバス」（青森タクシー）を本格運行に移行。[180]

1日　岐阜県高山市，「匠バス」（3ルート）を運行開始（濃飛乗合自動車）。[180]

1日　東日本交通，いわて花巻空港―北上駅間の「花巻空港シャトルバス」を開設。[180]

1日　宮城交通，東北工大線を八木山動物公園駅まで延長する実証実験を開始。[180]

1日　福島交通，2019年10月の台風被害を受けた郡山支社管内の全路線が運行を再開。[180]

1日　栃木県小山市，「おーバス」にハーヴェストウォーク線を開設（小山中央観光バス）。[180]

1日　石川県能美市，「のみバス」に「観光ルート」と「さとやまルート」を設定（加賀白山バス）。[180]

1日　名鉄バス，愛知県岡崎市内に「岡崎北線」を開設。[180]

1日　三重交通，伊勢外宮内宮線（伊勢市駅前―内宮前間）に早朝便を新設。[180]

1日　愛媛県伊予市，「あいくる」を本格運行に移行。[180]

1日　沖縄市，「沖縄市循環バス」に北部ルートと東部ルートを新設（東陽バス）。[180]

5月

13日　大井川鐵道，大井川本線（金谷―千頭間）の電車を減便し代行バスを運行（大鉄アドバンス）。[180]

25日　兵庫県猪名川町・ネッツトヨタ神戸，乗合タクシー「チョイソコいながわ」の実証実験を開始（日ノ丸ハイヤー）。[180]

6月

1日　金剛自動車，大阪府太子町内に3路線8系統を開設。[180]

7月

10日　大阪バス，布施八尾線に急行便を新設。[181]

23日　京阪バス，京都駅―京阪電車七条駅間の「ステーションループバス」を梅小路まで延長。[181]

8月

24日　大阪バス，俊徳道駅（近鉄・JR）―近畿大学東門前間の直行路線を開設。[182]

9月

4日　イトーヨーカ堂・NTTドコモ・ユーズ，ショッピングセンター「アリオ葛西」（東京都江戸川区）と周辺地域を結ぶ無料循環バスの実証実験を開始。[182]

14日　東京バス沖縄営業所，那覇空港―イーアス沖縄豊崎間を運行開始。[182]

19日　富山県射水市，2021年3月31日まで「射水市周遊バス」の実証運行を実施。[183]

10月

1日　札幌観光バス，新千歳空港を起終点に平取・白老エリアを周遊する「セタプクサ号」を11月5日まで運行。[182]

1日　青森県西目屋村，予約制の乗合タクシーに代わる定期運行型のコミュニティバスの実証運行を開始。[182]

1日　栃木県鹿沼市，「リーバス」の「まちなか線」を循環線に変更（関東自動車）。[182]

1日　京成バス，東京BRTのプレ運行を開始。[182]

1日　岐阜県関市，「関シティバス」の「市街地病院循環線」を廃止するなどの路線再編を実施（岐阜乗合自動車）。[182]

1日　岐阜県美濃加茂市，「あい愛バス」の新路線設定や路線統合などの路線再編を実施（岐阜乗合自動車・新太田タクシー）。[182]

1日　三重交通，四日市市内で「こにゅうどうくんライナー」を運行開始。[183]

1日　一畑バス，日ノ丸自動車の「松江線」の廃止に伴い，安来市と松江市を結ぶ「荒島線」を開設。[182]

1日　島根県益田市，廃止代替として予約制の

京王バス南は2月22日に京王高尾線めじろ台―ゆりのき台間の「nearくる」を開設。ワンボックスタイプの小型バスで運行する

「島原市コミュニティバスたしろ号」の開業式が3月1日に有明公民館で行われ，開業記念特別便が出発した【Mo】

京阪バスは7月23日に「ステーションループバス」を梅小路・ホテルエミオン
京都まで延長した．同ホテルで出発式が行われた【Ya】

大阪バスは8月24日に俊徳道駅と近畿大学を結ぶ路線を開設．1日33～44回運行
される【Sz】

乗合タクシーの試験運行を開始。[181]

1日　備北交通，三次市内と広島空港を結ぶ「三次⇔広島空港連絡バス」を廃止。[182]

1日　とさでん交通，神母木・龍河洞線の中間の一部区間を廃止し2路線に分割。[183]

1日　福岡県うきは市，「うきはバス」に新路線開設（浮羽観光バス）。[183]

1日　熊本県荒尾市，AIシステムにより運行ルートを自動で設定する乗合タクシー「おもやい（OMOYAI）タクシー」を運行開始。[183]

5日　東京バス沖縄営業所，糸満市役所―国際通り入口間を運行開始。[182]

28日　福島県双葉町，JR常磐線双葉駅と東日本大震災・原子力災害伝承館などを結ぶシャトルバスを運行開始（東北アクセス）。[183]

11月

1日　長野県飯綱町，牟礼駅と町内観光地を結ぶ「iバスコネクト」の実証運行を開始（飯綱ハイヤー）。[183]

1日　鳥取県日南町，町営バス福栄線で「ドア・ツー・ドア型バス」の実証実験を開始。[183]

1日　九州産交ツーリズム，阿蘇山中岳西側から火口の縁を結ぶ定期観光路線「阿蘇山火口シャトル」を運行開始（産交バス）。[183]

1日　沖縄県浦添市，デマンド型コミュニティバス「うらちゃんmini」の実証実験を開始（てだこモビリティ有限責任事業組合）。[183]

7日　山万，千葉県佐倉市のユーカリが丘で5ルートの「ユーカリが丘コミュニティバス」を運行開始。[183]

16日　小田急電鉄，12月25日まで東京都町田市

山崎町周辺で，オンデマンド交通「E―バス」の実証実験を実施。[183]

30日　静岡県湖西市，企業送迎バスを昼間時間帯に一般の乗合バスとして活用する「企業シャトルBaaS」の実証実験を開始。[182]

■都市間高速路線

○開設（事業者名・区間の順，以下同様）

2020年2月

1日　関鉄観光バス，つくば・土浦―運転免許センター間。[178]

23日　富士急行，富士山静岡空港―河口湖間。[178]

3月

2日　広栄交通，大宮・東京―名古屋間。[179]

29日　神奈川中央交通東，相模大野・町田―御殿場間。[179]

4月

1日　関西空港交通・近鉄バス・大阪バス，関西空港―守口間／関西空港―大阪城間。[179]

4日　京阪バス，枚方―亀岡間（2020年12月6日まで）。[179]

10日　加越能バス・イルカ交通・濃飛乗合自動車，高岡―白川郷・高山間（季節運行）。[179]

5月

15日　あじさい観光，りんくう・新今宮・なんば―羽田・有明・船橋間。[180]

7月

18日　大阪バス・クリスタル観光，大阪空港―和歌山間。[181]

22日　サンライズカンパニー，仙台―新発田間。[181]

23日　平成エンタープライズ，秋葉原―河口湖クラフトパーク間。[181]

8月

1日　三栄交通，東京――関・北上・盛岡間。[181]

7日　東京バス，横浜―仙台間。[181]

10月

31日　十和田観光電鉄，十和田―盛岡間。[183]

12月

16日　京成バス・東京空港交通，羽田空港―虎ノ門ヒルズ間。[183]

○廃止・休止

2019年12月

11日　福島交通，福島―郡山間。[178]

2020年1月

14日　西鉄バス北九州，福岡空港―小倉間。[178]

2月

1日　関鉄パープルバス，岩井・水海道・つくば―運転免許センター間／古河・下妻―運転免許センター間。[178]

1日　近鉄バス，大阪・京都―いわき間。[178]

3月

1日　JRバス関東・JR四国バス，東京―松山間。[178]

30日　京浜急行バス，羽田空港―東京ビッグサイト間。[179]

4月

1日　山交バス，仙台―天童・寒河江間。[179]

1日　千葉交通・国際十王交通，成田空港―久喜・熊谷間。[179]

1日　西武観光バス，池袋―箱根芦ノ湖間。[179]

三重交通は10月1日に四日市市内で「こにゅうどうくんライナー」を運行開始．
イオンタウン四日市泊付近を走行する専用車【Ya】

静岡県湖西市の「企業シャトルBaaS」の1台，浜名湖電装のトヨタコースター．
昼間は一般市民も利用できる．鷲津駅前で【Ya】

4月1日, 加越能バス・イルカ交通・濃飛乗合自動車は高岡—白川郷・高山間の季節運行路線を運行開始. 高山濃飛バスセンターで憩うイルカ交通の便【MI】

大阪シティバス, 4月1日から関西空港—天満橋・守口間に参入した. 森ノ宮駅前を走行する新車のハイデッカー【Sz】

1日　名鉄バス, 名古屋—豊田間。[178]

1日　阪急バス・北鉄金沢バス, 大阪—金沢間。[179]

1日　長崎県交通局・南国交通, 長崎—鹿児島間。[179]

5月

11日　近鉄バス・福井鉄道, 大阪—小浜間。[179]

6月

1日　西日本鉄道・宮崎交通, 福岡—延岡・宮崎間。[180]

29日　おのみちバス, 尾道—今治間。[180]

7月

1日　小田急箱根高速バス・京浜急行バス, 羽田空港—箱根湯本間。[181]

8月

1日　千曲バス, 立川—上田間。[182]

1日　JR四国バス, 観音寺・高松—新宿・東京・東京ディズニーランド（TDL）間。[181]

1日　産交バス, 熊本—人吉間。[181]

10月

12日　西日本鉄道・九州産交バス, 福岡—阿蘇間。[182]

12日　九州産交バス, 熊本—阿蘇間。[182]

12月

1日　西日本JRバス, 京都—有馬温泉間／神戸—ユニバーサルスタジオジャパン間／金沢—新宿間。[183]

1日　西日本JRバス・神姫バス, 京都—津山間。[183]

1日　西日本JRバス・西武観光バス, 大阪—大宮間。[183]

○既設区間への参入など

2020年2月

1日　京成バス・成田空港交通・京成バスシステム・京成トランジットバスと, 平和交通・あすか交通・西岬観光・JRバス関東は, 成田空港—東京間を統合。[178]

4月

1日　函館バス, 札幌—函館間。[179]

1日　タケヤ交通・仙台バス, 仙台空港—仙台間を共同運行化。[179]

1日　大阪シティバス, 関西空港—天満橋・守口間。[180]

○一部事業者の撤退

2020年4月

1日　北陸鉄道, 八王子・渋谷—金沢・加賀温泉間。[179]

6月

1日　西武バス, 新宿・池袋—金沢間。[180]

1日　阪急観光バス, 大阪—湯村・浜坂間。[180]

7月

1日　京浜急行バス, 羽田空港—上尾間。[181]

10月

1日　京浜急行バス, 品川—三井アウトレット木更津間。[182]

1日　一畑バス, 東京—出雲間。[182]

12月

1日　西日本JRバス, 大阪—浜松間／京都—舞鶴間／京都—出雲間／京都—鳥取間／京都—米子間。[183]

車両の話題

2020年1月

21日　香川県琴平町, グリーンスローモビリティ（グリスロ）「コトコト感幸バス」の試験運行を開始。[178]

24日　新常磐交通, 大型燃料電池（FC）バスを1台導入。[178]

2月

12日　西日本鉄道, 大型電気バス（改造車）を

運行開始。[178]

10日　横浜市交通局, 国産ハイブリッド連節バスを導入。[178]

3月

18日　伊豆箱根バス, 沼津駅—沼津港間で小型電気バス（グリスロ）を本格運行。[179]

28日　川崎鶴見臨港バス, 次世代バイオディーゼル燃料（BDF）を採用。[180]

30日　宮城県・富谷市・宮城交通, 2020年度中にFCバス導入に関する連携協定を締結。[180]

6月

1日　JRバス関東, 特定輸送用の連節バス3台のうち1台を国産ハイブリッド連節バスに代替。[180]

19日　イーグルバス, ボンネット型の小型電気バスを川越市内で運行開始。[181]

西日本鉄道は1月14日に西鉄バス北九州に管理委託する福岡空港（国内線）—小倉間を廃止. 小倉駅前高速バス乗り場で1月1日に撮影【Mo】

3月末限りで廃止となった長崎—鹿児島間の「ランタン号」. 長崎県交通局長崎営業所を出庫する南国交通の便. 2月23日に撮影【Mo】

4月1日，函館バスは札幌—函館間に参入した．同社にとっては初の都市間高速路線の運行となる

富山市は10月10日から富山駅北のアーバンプレイス前から市総合体育館まで親水広場などを経由するルートで「eCOM-8」を運行開始【Ng】

7月

7日　京王バス南，大型FCバス2台を運行開始。[181]

16日　東京R&D，新潟県から委託を受けて小型FCバスの開発を行うことを発表。[181]

23日　上野動物園，小型電気バスを運行開始。[181]

24日　横浜市交通局，連節バスを運行開始。[181]

8月

1日　名鉄バス，BDFを使用したバスの運行を終了。[182]

1日　西鉄バス北九州，連節バスを4台増備し，小倉—黒崎間で運行開始[181]

22日　JRバス関東，成田空港地区の定期観光バスに次世代BDFを採用。[182]

26日　福島交通・福島県飯舘村・みちのりホールディングス・ジョルダン，IoT技術を活用した

グリスロの実証実験を11月15日まで実施。[182]

10月

19日　長野県東御市など，小型電気バスを使用した「市内循環バス」の実証実験を開始。[182]

23日　JRバス関東，大型FCバスを東京駅—東京ポートシティ竹芝間で運行開始。[183]

28日　横浜市交通局，大型電気バス（改造車）を運行開始。[183]

11月

1日　富山市，アーバンプレイス前—富山市総合体育館間でグリスロを運行開始。[183]

2日　協同バス，3月からスクールバスとして運行している大型電気バスを公開。[183]

6日　長野県飯田市，11月の週末を中心に小型電気バスの試乗会を実施。[183]

14日　もりおか八幡界隈まちづくりの会，29日まで盛岡市内でボンネットバスによる「盛岡ま

ちなかぐるっとバス」を運行。（岩手県北自動車）[183]

30日　石川県小松市・日野自動車，2021年2月中旬まで，地域公共交通の実証実験を実施。[183]

12月

1日　西武バス，大型FCバスを運行開始。[183]

1日　四国電力，坂出発電所の送迎バスとして大型電気バス1台を導入。併せて車載電池の余力活用などの検証も実施。[183]

3日　東武バスウエスト，大型FCバスを運行開始。[183]

4日　ハウステンボス，大型電気バス5台・小型電気バス5台を導入。[183]

16日　東京空港交通，感染症対策として，帰国者向けに成田空港・羽田空港と都内の一部ホテルを結ぶ貸切バスを運行開始。[183]

19日　三重交通，連節バスを運行開始。[183]

サービス・システム・運賃・施設などの話題

2019年11月

25日　北海道中央バス・ヤマト運輸，石狩地区で貨客混載を開始。[178]

12月

27日　南海バス・山陽バス，神戸・大阪・京都—立川間の夜行高速路線に最々繁忙期運賃を設定。[178]

2020年1月

1日　三重交通，伊勢・鳥羽エリアのフリー乗車券「伊勢鳥羽みちくさきっぷ」をリニューアル。[178]

18日　JTB総合研究所・小湊鐵道・千葉大学，

観光需要喚起型MaaSの実証実験を実施。[178]

21日　京浜急行電鉄，京急グループ本社1階（横浜市西区）に「京急ミュージアム」を開設。[178]

24日　羽後交通・日立製作所，キャッシュレス決済の実証実験を開始。[178]

28日　茨城県日立市・茨城交通・みちのりホールディングス・茨城大学など，日立市で地域型MaaSの実証実験を開始。[178]

30日　北海道交通政策局，道南地域のバス・鉄道などの経路検索や乗車券購入などができる「Dohna!!」を運用開始。[179]

2月

1日　備北交通，運転免許証返納者の運賃を半額にするサービスを開始。[178]

3月

1日　東急グループ，サブスクリプション型チケットの実証実験を開始。[178]

11日　Rakuten EXPRESS・両備ホールディングス，岡山市と瀬戸内市で貨客混載を開始。[179]

13日　京都府南山城村，3月31日まで公共交通再編の社会実験と過疎地型MaaSの実証実験を実施。[179]

14日　名鉄バス，高齢者向け「得々パス」をリニューアル。[179]

長野県飯田市は11月に電気バスの試乗会を実施．同市はコミュニティバスに電気バスを導入する意向で，その前段として市民の試乗を行った【Ya】

盛岡市で11月に，もりおか八幡界隈まちづくりの会と岩手県北自動車によりボンネットバスが運行された．盛岡駅西口で【AN】

京浜急行バスは7月22日から，横須賀市内の峯山停留所に，地元の高校美術部などとのコラボで製作した「ハートフルバス停」を設置【京浜急行電鉄】

富士急行は10月1日に御殿場営業所を「富士急モビリティ」として分離独立．御殿場市の国立中央青少年の家で新会社名を表示をしたバスが待機中【Ya】

23日　青森市，民間委託路線の名称を「青森市民バス」から「青森市市バス」に変更．[180]
25日　西武観光バス，軽井沢地区でICカード「PASMO」の運用を開始．[179]
30日　一畑バス・松江市交通局，バスの運行情報を提供する「いずも・まつえ バスナビ」のサービスを開始．[180]

4月
1日　山交バス，新たな系統番号（行先番号）を設定．[180]
1日　関越交通，ICカード「PASMO」の運用を開始．[180]
1日　平成エンタープライズ，高速バスの運賃決済に「Paidy」を導入．[180]
1日　長電バス，長野市内の系統番号を変更．[180]
1日　北陸鉄道グループ，金沢市内の1日フリー乗車券をリニューアル．[178]
1日　和歌山バス・和歌山バス那賀，ICカード「Kinoca（きのか）」を運用開始．[179]
1日　山口東京理科大学，山陽小野田市と宇部市および美弥市の船木鉄道の路線に学生が乗車した場合，運賃を無料とする措置を実施．[179]
3日　長野県飯綱町，「iバス」にヘルパーを同乗させる試みを開始（飯綱ハイヤー）．[180]

5月
21日　西日本鉄道・LINE Fukuoka，福岡都心部を運行する一般路線のバスと電車の混雑状況の発信を開始．[180]

6月
1日　さいたま市，「さいたま新都心バスターミナル」の供用を開始．[180]

19日　西日本JRバス，利用者の乗車便に新型コロナウイルス感染者の同乗が判明した場合に注意喚起のメールを送信するサービスを開始[181]
26日　シャープマーケティングジャパン，西鉄バス北九州，西鉄エム・テックなど，砂津バスセンターで「スマートバス停」の実証実験を開始．[181]

7月
6日　北海道占冠村・ヤマト運輸，村営バス（自家用有償旅客輸送）で貨客混載を開始．[181]
13日　八幡観光バス・ヤマト運輸，郡上八幡地区で貨客混載を開始．[181]
17日　じょうてつ，全路線のリアルタイム混雑情報の提供を開始[181]
22日　京浜急行バス，デザインバス停「ハートフルバスストップ」を峯山停留所（逗子駅方面）に設置．[181]
25日　茨城交通，「勝田・東海—東京線」で，Visaのタッチ決済とQRコード決済を開始．[181]

8月
20日　伊予鉄道，電車の混雑緩和図るため，バスを並行運行する旅客分散実証実験を9月30日まで実施．[182]

9月
1日　アルピコ交通，上高地線の列車とバスを並行運行して鉄道の混雑緩和を図る実証運行を30日まで実施．[182]

10月
1日　長野県上田市，上田バスの菅平高原線でQRコード決済の実証実験を開始．[183]
1日　浜松バスターミナルが営業を終了．[181]
1日　高松エクスプレス，コロナウイルス接触確認アプリ【COCOA】の使用者に，乗車時にポイントを付与する「COCOA 導入割引」を開始．[182]
28日　福島交通・会津乗合自動車，Visaのタッチ決済とQRコード決済を開始．[183]

11月
1日　金沢市・北陸鉄道，2021年3月31日まで，ICカード「ICa」の乗継割引を増額．[182]
4日　アルピコ交通・ヤマト運輸，長野県松本市安曇野地区で貨客混載を開始．[183]
7日　国際興業，さいたま市内の日大前，南中野の停留所に「スマートバス停」を設置．[183]
25日　WILLER，京丹後鉄道でVisaのタッチ決済を開始．[183]
27日　両備バスカンパニー，高速路線にダイナミックプライシング（価格変動制）を導入．

12月
1日　西東京バス・ヤマト運輸，あきる野市—桧原村間で貨客混載を開始．
1日　広島電鉄，広島空港線に割引率の高い「1年定期券」を設定．[183]
9日　西日本鉄道・アップクオリティ，九州の農産品を高速バスで東京に運ぶ貨客混載を2021年2月15日まで実施．
17日　京王電鉄バス・空，京王電鉄バスが運営する高速バス予約システム「SRS」（ハイウェイバスドットコム）にダイナミックプライシングを導入．
18日　UR都市機構，2022年度〜2028年度に東京駅八重洲口に20バースを備える「八重洲バスターミナル」を建設し，運営は京王電鉄バスが行うことを発表．

事業者の動向

●埼玉観光（本社埼玉県越谷市），路線バス事業に参入．〈2020年1月4日〉[178]
●東京都交通局，有明自動車営業所を開所．〈2020年3月30日〉[179]
●東海バスグループの運行会社5社（伊豆東海バス・南伊豆東海バス・西伊豆東海バス・新東海バス・東海バスオレンジシャトル）が合併．新社名は「東海バス」．〈2020年4月1日〉[178]
●九州産交整備，「九州産交オートサービス」に社名変更．〈2020年4月1日〉[181]
●鹿児島市交通局，16路線を鹿児島交通と南国交通に移譲．〈2020年4月1日〉[179]

●長電バス，長野県飯山市の「飯山観光ハイヤー」を吸収合併．〈2020年7月1日〉[181]
●遠州鉄道，グループの旅行業者・遠鉄トラベルを吸収合併．〈2020年9月1日〉[181]
●JRバス東北，古川営業所を廃止，業務を仙台支店に移管．〈2020年10月1日〉[182]
●日東交通，館山日東バスと鴨川日東バスを吸収合併〈2020年10月1日〉[183]
●京王バスグループの京王バス東・京王バス南・京王バス中央の3社が合併．社名を「京王バス」に変更．〈2020年10月1日〉[182]
●富士急行，御殿場営業所の事業を新会社の「富士急モビリティ㈱」に譲渡．〈2020年10月1日〉[183]
●遠州鉄道，舘山寺営業所を廃止．業務を雄踏営業所に移管．〈2020年10月1日〉[182]
●岡山電気軌道，両備ホールディングス，独占禁止法特例法の施行に合わせて，岡山市内国道30号沿線の路線の共同経営を国土交通省に申請．〈2020年11月27日〉[183]
●阪急バス，豊中営業所を大阪市淀川区に移転．名称を「大阪営業所」に変更．〈2020年12月10日〉また本社を2021年3月に豊中市岡の上町に移転予定である．[182]

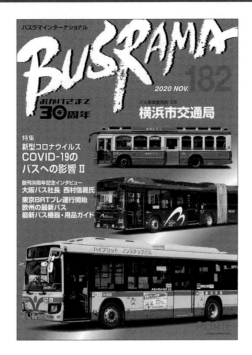

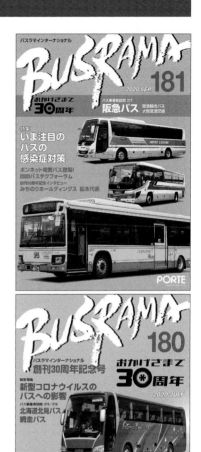

■バスラマNo.183（2020年12月25日発行）バス事業者訪問：芸陽バス／鯱バス，横浜市交通局の電気バス，FCV最新車，三重交通の「神都ライナー」運行開始，第6回バステクin首都圏に見る感染症対策用品など，都営バスのIP無線システム，ほか
■バスラマNo.182（2020年10月25日発行）特集：新型コロナウイルスCOVID-19のバスへの影響Ⅱ（全国事業者の動向，現場インタビュー，感染症対策ほか），バス事業者訪問：横浜市交通局，創刊30周年記念インタビュー4：大阪バス・西村社長，最新バス機器・用品ガイド，ほか
■バスラマNo.181（2020年8月25日発行）特集：いま注目のバスの感染症対策，バス事業者訪問：阪急バス／阪急観光バス／大阪空港交通，創刊30周年記念インタビュー3：みちのりホールディングス・松本代表，電気バス運行開始：イーグルバス＆上野動物園，ほか
■バスラマNo.180（創刊30周年記念号）（2020年6月25日発行）緊急特集：新型コロナウイルスCOVID-19のバスへの影響，バス事業者訪問：北海道北見バス／網走バス，オノエンスターEVに乗る，創刊30周年記念インタビュー2：両備グループ・小嶋会長，ほか【各税込1,498円】

ぽると出版のすべての商品は，ぽると出版ウェブサイト　http://www.portepub.co.jp　から代引でのお申し込みができます．またキャッシュレス決算をご希望の方は，アマゾンからお申込みください（アマゾンは出版物のみの取り扱いとなります）

書名・製品名	本体価格(円)	10%税込価格(円)	送料(円)
バスラマインターナショナル（通常号）	1,362	1,498	310（2冊360）
年鑑バスラマ（各号）	2,000	2,200	310
バスラマ年間定期購読（通常号のみ，送料共）	―	10,110	
バスラマ年間定期購読（年鑑バスラマ込，送料共）	―	12,630	
バスラマスペシャル9　続・西鉄バスの本	1,800	1,980	310
バスラマスペシャル11　UDマークのバス達	2,350	2,585	360
バスラマスペシャル12　高速バス2013	1,200	1,320	310
バスラマスペシャル13　30周年を迎えたJRバス	1,800	1,980	360
バスラマエクスプレス02　私の知っているバス達　いすゞ	900	990	225
バスラマエクスプレス11　The King　エアロキングの四半世紀	1,200	1,320	310
バスラマエクスプレス12　三菱ふそうエアロスター	1,200	1,320	310
バスラマエクスプレス14　日野ブルーリボンハイブリッド	1,200	1,320	310
バスラマエクスプレス15　はとバス 70年の車両の変遷★	1,200	1,320	310
バスラマアーカイブス02　熊本・九州の輝いていたバス達	2,600	2,860	310
バスラマアーカイブス03　東京急行のバス達	2,400	2,640	310
バスラマバックナンバーPDF《CD-ROM》（各巻）※	1,000	1,100	＊1
ワーキングビークルズ（No.12～15）★	1,457	1,603	310
ワーキングビークルズ（No.19～73）	900	990	225（2冊310）
ワーキングビークルズ（No.74以降の各号）	1,100	1,210	225（2冊310）
ワーキングビークルズ年間定期購読（送料共）	―	4,305	
キューバの自動車図鑑	1,700	1,870	310
ミニカー　クラブバスラマ　ふそうMP（南海バス）	3,500	3,850	地域別（＊2）
ミニカー　クラブバスラマ　ふそうMP　CNG（大阪市）	3,700	4,070	地域別（＊2）

※創刊号～No.40をPDFにより復刻．1巻あたり2冊分ずつ収録し全20種類．ほかにバスラマスペシャル「都営バスの本」「大阪市営バスの本」を各々1巻1冊で復刻．★在庫僅少

ぽると出版各商品の 税込価格と送料 (10%税込)

ぽると出版各商品の価格と送料は左記のとおりです．お申し込み方法は103ページをご覧ください

＊1：1枚250円，2枚285円，3～5枚370円，6～11枚710円
＊2：都内810円，東北・関東・信越・北陸・東海870円，近畿970円，中国・四国1,100円，北海道1,300円，九州1,300円，沖縄1,350円

ぽると出版

☎(03)5481-4597
http://www.portepub.co.jp/

2019年度の一般乗合バス事業（保有台数30台以上）の収支状況

The Balance Sheet Of The Regular Route Bus Operators (With More Then 30 Buses For The Fiscal Year Of 2019)

（単位：億円）

民営・公営の別	収　入	支　出	損　益	経常収支率（%）	事業者数 黒字	事業者数 赤字	事業者数 計
民営	5,818	6,228	△410	93.4	62(58)	154(153)	219(211)
公営	1,422	1,574	△152	90.4	0(0)	16(16)	16(16)
計	7,240	7,802	△561	92.8	65(58)	171(170)	240(232)
大都市	4,564	4,577	△14	99.7	47(40)	30(29)	77(69)
その他地域	2,677	3,224	△548	83.0	18(18)	140(140)	158(158)
計	7,240	7,802	△561	92.8	65(58)	170(169)	235(227)

資料：国土交通省

注：1. 高速バス，定期観光バスおよび限定バスを除く
2. （　）内の数字は，2以上のブロック（地域）にまたがる事業者について，その重複を除いた結果の事業者数を示す
3. 大都市（三大都市）とは，千葉，武相（東京三多摩地区，埼玉県，神奈川県），京浜（東京特別区，三鷹市，武蔵野市，調布市，狛江市，横浜市，川崎市），東海（愛知県，三重県，岐阜県），京阪神（大阪府，京都府〈京都市を含む大阪府に隣接する地域〉，兵庫県〈神戸市と明石市を含む大阪府に隣接する地域〉）

乗合・貸切バス輸送状況の推移　　Ridership Of Route And Chartered Bus

年度／項目	免許事業者数	車両数（両）	実動率（%）	許可キロ（km）	総走行キロ（千km）	実車率（%）	輸送人員（千人）	営業収入（百万円）
乗合バス 1950	303	17,714	80.0	89,688	491,240	−	1,357,702	19,922
1960	347	44,912	83.7	152,475	1,680,671	94.9	6,044,498	118,578
1970	359	67,911	84.7	190,881	2,935,122	94.2	10,073,704	368,914
1980	355	67,142	85.9	177,310	2,909,759	92.7	8,096,622	971,369
1990	377	64,972	85.7	282,841	3,038,390	91.7	6,500,489	1,193,909
2000	444	58,348	83.9	304,023	2,896,959	90.5	4,803,040	1,050,944
2010	1,640	59,195	82.0	420,757	2,676,546	88.2	4,158,180	929,762
2017	2,279	60,522	79.1	−	3,125,398	86.5	4,342,261	949,775
2018	2,296	60,522	78.7	−	3,099,176	86.4	4,347,726	−
2019	−	−	77.5	−	−	86.2	4,257,648	−
貸切バス 1950	312	1,112	−	−	20,190	−	12,284	−
1960	442	8,277	69.0	−	264,635	85.0	128,229	24,838
1970	559	18,017	63.1	−	739,061	85.5	180,989	115,416
1980	755	21,326	64.8	−	980,422	82.8	203,692	391,040
1990	1,206	29,858	67.3	−	1,571,311	81.4	255,762	702,876
2000	2,864	40,200	58.0	−	1,628,838	80.0	254,714	509,908
2010	4,492	47,452	50.2	−	1,297,575	78.6	300,049	433,422
2017	4,324	51,109	43.3	−	1,265,032	76.2	297,318	576,470
2018	4,127	49,832	43.2	−	1,248,651	76.0	298,035	−
2019	−	−	40.2	−	−	76.0	274,584	−

バス生産台数／新規登録・届出台数／保有台数（各年末現在）／輸出台数

Number Of Buses Manufactured/Newly Registered/Units Sold Buses Owned (At the end of the various fiscal years)

年別	生産台数 大型（30人乗り以上）	生産台数 小型（29人乗り以下）	生産台数 計	生産台数 前年比（%）	販売台数 大型	販売台数 小型	販売台数 計	販売台数 前年比（%）
2001	11,205	46,887	58,092	106.5	4,420	11,512	15,932	96.1
2002	11,141	55,180	66,321	114.2	4,729	11,630	16,359	102.7
2003	11,406	49,668	61,074	92.1	5,860	15,396	21,256	129.9
2004	12,286	48,156	60,442	99.0	5,098	13,049	18,147	85.6
2005	11,763	64,550	76,313	126.3	5,856	11,898	17,754	97.8
2006	11,063	77,574	88,637	116.1	6,064	11,536	17,600	99.1
2007	11,516	102,154	113,670	128.2	5,153	10,464	15,617	88.7
2008	11,660	127,442	139,102	122.4	5,357	9,976	15,333	98.2
2009	8,783	78,012	86,795	62.4	4,234	8,338	12,572	82.0
2010	10,274	99,060	109,334	125.6	4,777	7,998	12,775	101.6
2011	9,427	94,682	104,109	95.2	31,136	7,515	10,651	83.4
2012	10,598	111,622	122,220	117.4	4,266	7,672	11,938	112.1
2013	9,755	122,926	132,681	108.6	4,181	7,075	11,256	94.3
2014	9,402	130,432	139,834	105.4	4,498	7,485	11,983	106.5
2015	11,425	126,425	137,850	98.6	5,260	8,127	13,387	111.7
2016	−	−	129,743	94.1	6,543	8,955	15,498	115.8
2017	−	−	123,097	94.9	6,602	8,991	15,593	100.6
2018	−	−	113,197	92.0	5,131	8,571	13,702	87.9
2019	−	−	122,621	108.3	4,876	8,710	13,589	99.2

〈生産台数〉注：1979年より「KDセット」を除く。「KDセット」は部品扱いとなる。日本自動車工業会調査
〈新規登録・届出台数〉注：シャーシーベース調べ。輸入車を含む。日本自動車販売協会連合会調査

2019年のブランド別国内バス販売台数　Sales, By Manufacturer in 2019 （単位：台）

	大型	小型	小計
日野	1,729(91.5)	1,598(89.3)	3,327(90.5)
いすゞ	1,783(96.5)	6(60.6)	1,789(96.3)
三菱ふそう	1,270(94.6)	876(83.0)	2,146(89.5)
トヨタ	18(225.0)	5,397(110.5)	5,415(110.7)
日産	–	833(99.9)	833(99.9)
現代	40(333.3)	–	40(333.3)
メルセデス・ベンツ	14(200.0)	–	14(200.0)
スカニア	22(88.0)	–	22(88.0)
合計	4,876(95.0)	8,710(101.6)	13,586(99.2)

注：1．新車の新規登録・届出台数
　　2．カッコ内は対前年比　　　　　　　　　　資料：日本自動車販売協会連合会

高速乗合バスの運行状況　Operation Status Of The Highway Bus

年度	事業者数	運行系統数（延）	運行回数（1日）	輸送人員（千人）	供用道路（km）
1965	5	8	101	3,846	190
1975	23	56	453	11,216	1,888.3
1985	57	249	1,886	32,538	3,720.9
2000	158	1,617	5,569	69,687	6,860.8
2010	310	4,722	12,454	103,853	7,894.6
2013	365	5,229	14,223	109,862	8,410.7
2014	365	4,996	15,756	115,703	8,427.7
2015	387	5,247	15,882	115,740	8,652.2
2016	400	5,121	14,012	104,581	8,795.2
2017	369	5,103	13,919	103,503	8,922.9

注：1．上記数値は各年度末のものであるが，1985年度以前は輸送人員供用道路を除き6月1日現在である。
　　2．2005年度までは系統距離の半分以上を高速自動車国道などを利用して運行する乗合バスを高速乗合バスとした。2006年度からは，系統距離が50km以上のものを高速乗合バスとする。　　　　　資料：国土交通省

従業員総数（人）	運転者（人）	平均乗車定員（人）	乗車密度（人）	乗車効率（%）	年間人口一人当り利用回数（回）	キロ当り営業収入（円）	実動一日一車当り 走行キロ（km）	輸送人員（人）	営業収入（円）
–	–	38	17.7	43	16	40.44	100	274	
–	–	59	20.1	34.1	64	70.55	124	444	8,894
207,675	100,312	72	19.1	26.5	96	125.69	142	488	17,704
155,191	104,145	74	15.4	20.8	69	333.38	139	386	46,263
123,134	91,501	66	12.1	18.3	53	392.94	152	324	59,534
97,006	74,420	65	10.1	15.5	38	362.77	160	265	57,993
103,299	80,073	–	–	–	33	347.37	171	235	58,903
125,611	84,224	–	–	–	34	–	172	239	–
–	–	–	–	–	34	–	171	239	–
–	–	–	–	–	34	–	169	237	–
–	–	–	–	–	0.2	–	–	–	–
–	–	59	50.0	82	1.3	95.04	127	66	12,824
47,906	18,009	58	46.7	80.5	1.7	156.17	188	46	27,843
52,030	21,479	53	39.8	75.1	1.7	396.85	205	43	81,627
63,486	28,972	52	34.1	65.6	2.1	447.32	230	37	102,787
64,971	36,241	45	32.6	72.4	2.0	313.05	232	36	72,523
64,171	45,392	–	32.1	–	–	334.02	223	41	74,487
68,697	48,772	–	–	–	–	–	184	43	–
–	–	–	–	–	–	–	185	44	–
–	–	–	–	–	–	–	183	44	–

資料：国土交通省

（単位：台）

保有台数（各年末現在） 大　型	小　型	計	前年比（%）	輸　出　台　数 大　型	小　型	計	前年比（%）	年　別
110,272	124,544	234,816	99.7	9,578	34,903	44,481	108.1	2001
110,058	123,347	233,405	99.4	9,332	39,430	48,762	109.6	2002
109,909	121,909	231,818	99.3	8,279	37,312	45,591	93.5	2003
109,703	121,231	230,934	99.6	11,689	44,152	55,841	122.5	2004
109,917	121,816	231,733	100.3	9,953	67,984	77,937	139.6	2005
109,763	121,918	231,681	99.9	11,565	81,636	93,201	119.6	2006
109,621	212,307	230,928	99.7	13,868	107,663	121,531	130.4	2007
109,808	120,873	230,681	99.9	17,527	135,917	153,444	126.3	2008
108,760	119,673	228,397	99.0	11,106	80,916	92,022	60.0	2009
108,136	119,135	227,271	99.5	13,969	101,813	115,782	125.8	2010
107,435	118,513	225,948	99.4	14,495	96,247	110,742	95.6	2011
107,528	118,551	226,079	100.1	19,602	109,152	128,178	115.7	2012
107,723	118,204	225,927	99.9	19,712	117,223	136,935	106.8	2013
108,545	118,399	226,944	100.5	15,886	125,670	141,556	103.4	2014
110,096	119,293	229,389	101.1	19,649	121,650	141,299	99.8	2015
112,011	120,310	232,321	101.3	–	–	131,642	93.2	2016
112,672	120,794	233,466	100.5	–	–	199,012		2017
112,627	120,596	233,223	99.9	–	–	109,597	–	2018
112,169	119,997	232,166	99.5	–	–	120,514	110.0	2019

〈保有台数〉：国土交通省調査
〈輸出台数〉注：1．国産車の船積実績（四輪メーカー分）。2．「KDセット」を除く。3．2017年12月実績より，一部会員メーカー台数を含まない。日本自動車工業会調査

DATA

バスの車両故障事故の装置別件数　Number of Vehicle Failures Based On The Component

資料：国土交通省

年＼装置	原動機	動力伝達装置	タイヤ	操縦装置	制動装置	緩衝装置	燃料装置	電気装置	乗車装置	内圧容器・付属装置	その他	合計
2016	624	430	71	15	112	83	253	294	72	120	398	2,352
2017	553	384	66	14	104	73	229	300	62	126	257	2,168
2018	676	367	65	15	134	79	180	293	56	98	294	2,257

注：1．故障件数は路上，営業所・車庫内を問わず運行に支障をきたしたものすべてが計上される。　2．装置の項目は件数が比較的多いものを記載した

バスのメーカー別保有台数　The Number Of Vehicles Owned Based On Manufacturers For Fiscal Year Of 2019

車種		初度登録年							
		2020	2019	2018	2017	2016	2015	2014	2013
普通乗合	日野	594	1,857	1,978	2,217	2,258	1,930	1,721	1,604
	いすゞ	528	1,615	1,665	2,188	2,178	1,736	1,387	1,287
	三菱ふそう	431	1,407	1,463	1,742	1,903	1,581	1,327	1,301
	三菱自動車	2	2	1	0	0	2	1	2
	UDトラックス	0	0	0	0	0	0	0	0
	トヨタ	72	115	103	107	90	58	83	79
	日産	36	72	54	69	67	75	106	78
	その他国産車	0	0	0	0	0	0	0	0
	輸入車	25	74	43	121	161	66	80	50
	その他	8	10	5	17	3	9	2	1
	合　計	1,696	5,152	5,312	6,461	6,660	5,457	4,707	4,402
	構成比（％）	1.5	4.6	4.8	5.8	6.0	4.9	4.2	3.9
小型乗合	日野	429	1,334	1,557	1,616	1,386	1,112	982	901
	いすゞ	29	89	83	191	109	76	65	62
	三菱ふそう	256	681	835	1,230	1,062	868	784	696
	三菱自動車	0	0	1	1	0	2	1	1
	UDトラックス	0	0	0	0	0	0	0	0
	トヨタ	845	3,746	3,480	3,416	3,345	2,881	2,498	2,420
	日産	182	549	583	526	780	631	554	515
	ダイハツ	0	0	0	0	0	0	0	0
	マツダ	0	0	0	0	0	0	0	0
	輸入車	1	2	1	0	4	6	3	1
	その他	7	15	3	3	2	0	0	2
	合　計	1,749	6,416	6,543	6,983	6,688	5,576	4,887	4,598
	構成比（％）	1.5	5.4	5.5	5.8	5.6	4.7	4.1	3.9

注）．普通乗合は乗車定員30人以上の車両。小型乗合は同じく29人以下の車両

低公害バス保有台数の推移　（単位：台）

年度	2017	2018	2019
電気	55	68	101
燃料電池	8	24	58
ハイブリッド	1,246	1,313	1,380
プラグインハイブリッド	3	4	4
CNG	399	296	237
メタノール	1	1	0
合計	1,712	1,706	1,780

資料：自動車検査登録情報協会
The Changes Of The Number Of Low Emission Buses Ownerships

中古バスの販売台数〔中古車新規＋移転＋名義変更〕（ナンバーベース）（単位：台）

年別	台数	前年比（％）
2010	14,163	92.6
2011	13,894	97.8
2012	14,779	106.9
2013	12,830	86.7
2014	12,531	97.7
2015	13,173	105.1
2016	13,204	100.2
2017	13,066	99.0
2018	13,256	101.5
2019	12,879	97.2

注：輸入車を含む　資料：日本自動車販売協会連合会
Number Of Used Buses (Newly Acquired + Transfer + Change Of Ownership)(Based On Vehicle Registration)

自動車騒音規制（加速走行騒音）　Japans Motor Vehicle Noise Regulation For Accelerated Running Noise

（単位：dB(A)）

自動車の種別			平成10～13年規制	実施時期	
大型車	車両総重量が3.5トンを超え，原動機の最高出力が150キロワットを超えるものをいう	全輪駆動車等	82	新型車	平成13年10月1日
		トラック	81	継続生産車 輸入車	平成15年9月1日
		バス	81	新型車 継続生産車 輸入車	平成10年10月1日 平成11年9月1日 平成12年4月1日
中型車	車両総重量が3.5トンを超え，原動機の最高出力が150キロワット以下のものをいう	全輪駆動車等	81	新型車 継続生産車 輸入車	平成13年10月1日 平成14年9月1日
		トラック	80		
		バス	80	新型車 継続生産車 輸入車	平成12年10月1日 平成13年9月1日
小型車	車両総重量が3.5トン以下のものをいう	軽自動車以外　車両総重量1.7トン超え	76	新型車 継続生産車 輸入車	平成12年10月1日 平成14年9月1日
		軽自動車以外　車両総重量1.7トン以下	76	新型車 継続生産車 輸入車	平成11年10月1日 平成12年9月1日 平成13年4月1日
		軽自動車　ボンネット型	76	新型車 継続生産車 輸入車	平成12年10月1日 平成12年9月1日 平成13年4月1日
		軽自動車　キャブオーバー型	76	新型車 継続生産車 輸入車	平成12年10月1日 平成12年9月1日
乗用車	専ら乗用の用に供する乗車定員10人以下のものをいう	乗車定員6人超え	76	新型車 継続生産車 輸入車	平成11年10月1日 平成12年9月1日 平成14年4月1日
		乗車定員6人以下	76	新型車 継続生産車 輸入車	平成10年10月1日 平成11年9月1日
二輪車	二輪車の小型自動車（総排気量250ccを超えるもの）及び二輪の軽自動車（総排気量125ccを超え250cc以下のもの）をいう	小型	73	新型車 継続生産車	平成13年10月1日 平成15年9月1日
		軽	73	新型車 継続生産車 輸入車	平成10年10月1日 平成11年9月1日 平成12年4月1日
原動機付自転車	第一種原動機付自転車（総排気量50cc以下のもの）及び第二種原動機付自転車（総排気量50ccを超え125cc以下のもの）をいう	第二種	71	新型車 継続生産車 輸入車	平成13年10月1日 平成14年9月1日
		第一種	71	新型車 継続生産車 輸入車	平成10年10月1日 平成11年9月1日 平成12年4月1日

注：全輪駆動車等とは全輪駆動車，トラクター，クレーン車である　　　　資料：環境省

乗合バス車両のノンステップ化の推移

（単位：台）

区分	2010年度末	2011年度末	2012年度末	2013年度末	2014年度末	2015年度末	2016年度末	2017年度末	2018年度末	2019年度末
ノンステップバス車両数	16,534	17,661	18,672	19,883	21,074	22,665	24,241	26,002	27,574	29,096
指数	100.0	106.8	112.9	120.3	127.5	137.1	146.6	157.3	166.8	176.0
割合比	35.5	38.4	41.0	43.9	47.0	50.1	53.3	56.0	58.8	61.1
対象車両数	46,555	46,025	45,495	45,329	44,874	45,228	45,467	46,406	46,872	47,621

注：1．「ノンステップバス」は床面地上高が概ね30cm以下であって，バリアフリー法の移動円滑化基準に適合するバスをいう
　　2．「割合比」は乗合バスの総車両数から「適用除外認定車両数」を除いた「対象車両数」に対してノンステップバスの占める割合である
　　3．「適用除外認定車両」とは，高速バス，定期観光バス，空港連絡バスなど，構造上または運行上で低床化などバリアフリー法の規定に沿うことが困難と認定されたバスをいう

資料：国土交通省

2020年3月末現在，単位：台

2012	2011	2010	2009	2008以前	合計	うち営業用
1,568	1,288	1,751	1,528	16,882	37,176	30,591
1,288	908	1,370	1,131	11,743	29,024	25,562
1,246	941	1,080	1,051	8,161	23,634	20,217
0	2	2	2	10,139	10,155	6,890
1	24	402	483	6,586	7,496	6,597
77	53	67	61	419	1,384	60
87	131	80	106	843	1,804	34
0	0	0	0	1	1	1
51	39	87	21	86	904	864
0	1	0	0	17	73	47
4,318	3,387	4,839	4,383	54,877	111,651	90,863
3.9	3.0	4.3	3.9	49.2	100.0	
804	603	720	648	10,998	23,090	8,794
71	55	63	52	2,067	3,012	1,248
609	591	709	685	6,459	15,465	4,928
2	0	1	3	10,568	10,580	3,203
1	2	3	2	247	255	152
2,234	1,780	2,004	1,678	20,323	50,650	4,893
465	580	576	536	9,642	16,119	659
0	0	0	0	2	2	0
0	0	0	0	98	98	0
14	4	3	0	30	69	43
2	1	1	0	24	60	18
4,202	3,616	4,080	3,604	60,458	119,400	23,938
3.5	3.0	3.4	3.0	50.6	100.0	

資料：自動車検査登録情報協会

大型二種免許保有者の推移

年		保有者数（人）
2013	男	995,029
	女	12,714
	計	1,007,743
2014	男	973,544
	女	12,974
	計	986,518
2015	男	951,111
	女	13,272
	計	964,383
2016	男	928,935
	女	13,591
	計	942,526
2017	男	905,352
	女	13,890
	計	919,242
2018	男	881,913
	女	14,214
	計	896,127
2019	男	856,953
	女	14,539
	計	871,492

資料：警察庁

The Changes In The Number Of People Who Have Drivers' License To Drive Buses

---

バス平均車齢・平均使用年数の推移

（単位：年）

年別	平均車齢	平均使用年数
2010	10.50	16.59
2011	10.78	17.37
2012	11.12	16.82
2013	11.38	17.91
2014	11.56	17.63
2015	11.76	16.95
2016	11.87	16.83
2017	11.84	17.39
2018	11.81	17.69
2019	11.83	18.36

注：1．平均車齢：使用されているバスの初年度登録からの経過年数の平均
　　2．平均使用年数：初度登録してから廃車するまでの平均年数

自動車検査登録情報協会調査

The Shift Of The Average Age Of Buses And Average Service Life By Bus

---

バス輸入台数（通関実績）

Number Of Imported Buses (Through Customs)

年別	台数
2010	107
2011	56
2012	73
2013	73
2014	83
2015	118
2016	207
2017	120
2018	114
2019	99

資料：財務省

自動車排出ガス規制　Motor Vehicle Emission Regulation In Japan

種別			現在の規制			
			規制年度	試験モード	成分	規制値
ディーゼル車	トラック・バス	軽量車（GVW≦1.7トン）	平成30年	WLTP（g/km）	CO	0.63
					NMHC	0.024
					NOx	0.15
					PM	0.005
		中量車（1.7トン＜GVW≦3.5トン）	平成31年	WLTP（g/km）	CO	0.63
					NMHC	0.024
					NOx	0.24
					PM	0.007
		重量車（3.5トン≦GVW）	平成28年	WHDC（g/kWh）	CO	2.22
					NMHC	0.17
					NOx	0.4
					PM	0.01
	乗用車		平成30年	WLTP（g/km）	CO	0.42
					NMHC	0.10
					NOx	0.05
					PM	0.005
ガソリン・LPG車	トラック・バス	軽自動車	平成31年	WLTP（g/km）	CO	4.02
					NMHC	0.05
					NOx	0.05
					PM	0.005
		軽量車（GVW≦1.7トン）	平成30年	WLTP（g/km）	CO	1.15
					NMHC	0.10
					NOx	0.05
					PM	0.005
		中量車（1.7トン＜GVW≦3.5トン）	平成31年	WLTP（g/km）	CO	2.55
					NMHC	0.15
					NOx	0.07
					PM	0.007
		重量車（3.5トン＜GVW）	平成21年	JE05（g/kWh）	CO	16.0
					NMHC	0.23
					NOx	0.7
					PM	0.01

注：1．CO：一酸化炭素，NMHC：非メタン炭化水素，NOx：窒素酸化物，PM：粒子状物質
　　2．規制値は型式あたりの平均値を示す
　　3．ディーゼル中量車の1.7トン＜GVW≦2.5トンは平成22年（2010年）から適用
　　4．WLTPは冷機状態の測定値がそのまま適用される
　　5．ディーゼル重量車の規制適用時期は3.5トン＜GVW≦7.5トンが平成30年（2018年），GVW＞7.5トンが平成28年，トラクターは平成29年　資料：環境省，国土交通省，日本自動車工業会

バスの地域別輸出台数

（単位：台）

地域	2017年	2018年	2019年
アジア	51,054	46,023	48,955
中近東	14,706	13,552	14,720
ヨーロッパ	44	47	128
北アメリカ	0	0	0
中南米	19,388	18,222	17,029
アフリカ	25,510	24,336	32,768
オセアニア	6,270	5,340	5,572
その他	2,040	2,077	1,342
合計	119,012	109,091	120,514

注：2017年実績より一部会員メーカー台数を含まない

資料：日本自動車工業会

Number Of Exported Buses By Area

No67（2001年8月）🅟サンデン交通，特集　沖縄のバス2001年夏

No68（2001年10月）🅟神奈川中央交通

No74（2002年10月）🅟横浜市交通局

No78（2003年6月）🅟札幌市交通局，小型CNGバスに乗る，金沢ふらっとバス

No79（2003年8月）🅟京都市交通局，中古バス業者訪問②，東急1175号が引退

No80（2003年10月）🅟函館バス，特集　バス創業100周年記念イベント

No85（2004年8月）🅟常磐交通自動車，特集　市販を開始した三菱ふそうHEV

No87（2004年12月）🅟伊予鉄道，特集　来日した韓国の最新LPGバス

No88（2005年2月）🅟南海バス，特集　日野最新ハイブリッドバス

No94（2006年2月）🅟大分交通／南国交通，ラインアップ完成！いすゞエルガ

No98（2006年10月）🅟高知県交通／土佐電気鉄道，IAAに見る最新バス

No99（2006年12月）🅟JR九州バス，スペースアローの運転操作

No103（2007年8月）三菱エアロクィーン，姫路市／明石市／奈良観光バス

No104（2007年10月）特集　東京モーターショー出品バス🅟富山地方鉄道／日の丸自動車興業

No105（2007年12月）三菱ふそうエコハイブリッドに乗る🅟川崎鶴見臨港バス／北港観光バス

No106（2008年2月）🅟沖縄バス　特集　バス利用をさらに安全に①

No107（2008年4月）🅟九州産業交通　特集　バス利用をさらに安全に②

No108（2008年6月）新型エアロキングに乗る，🅚日野RD，千曲バス／伊那バス

No109（2008年8月）🅟神姫バス　特集　都市間輸送バスサービスの新時代

No110（2008年10月）🅚いすゞCSA（後）日野セレガハイブリッドに乗る🅟箱根登山バス／ケイエム観光

No111（2008年12月）🅚ふそうMK（前）アメリカの公共交通，🅟濃飛乗合自動車

No112（2009年2月）ユニバース発売🅟伊豆箱根バス／銀河鉄道，🅚MK（中）

No114（2009年6月）新世代のバス停🅚日野BT，秋北バス／秋田中央交通

No116（2009年10月）🅟一畑バス　都市間輸送バスサービスの新時代②

No117（2009年12月）🅟北陸鉄道　現代ユニバース新バリエーション追加

No121（2010年8月）🅚日野RS（前）🅟大分バス／ビィー・トランセ

No122（2010年10月）🅟関東自動車　特集　いすゞ新型エルガ登場！

No123（2010年12月）新型ユニバース🅟岐阜乗合自動車／大阪バスグループ

No124（2011年2月）新たな連節バス🅟岡山電気軌道／ワールドキャビン

No125（2011年4月）東日本大震災🅟近江鉄道／立川バス

No127（2011年8月）呉市営民営化　特集　東日本大震災とバス PartⅡ🅟福井鉄道／イルカ交通

No128（2011年10月）特集　ポスト新長期規制適合バス①🅟青森市営バス／下北交通

No129（2011年12月）🅚いすゞCCM（後）特集　ポスト新長期規制適合バス②🅟日東交通／平成エンタープライズ

No130（2012年2月）特集　改めてバスの安全を問うⅠ🅟東海バス／ウィラー・トラベル

No131（2012年4月）日野ポンチョEV　特集　改めてバスの安全を問うⅡ🅟日本交通／京都交通

No134（2012年10月）三菱ふそう新型エアロクィーン試乗🅟岩手県北自動車

No135（2012年12月）特集ドラレコ　阪急バスのいすゞエルガハイブリッド🅟JRバス関東／JRバステック

No136（2013年2月）🅟名阪近鉄バス　超長期テストレポート中間報告　最新AT車の実力を探る⑧沿岸バス

No137（2013年4月）三菱ふそうの安全技術，都営バスのエルガハイブリッド🅟全但バス／東北急行バス

No138（2013年6月）2013バステク　特集　改めてバスの安全を問うⅤ　日本のバス輸出①🅟西東京バス

No139（2013年8月）新高速バス，三重交通の神都バス🅟十勝バス／北海道バス

No140（2013年10月）新型ユニバース　1963年式トヨタ・ライトバス🅟相鉄バス　日本のバス輸出②日野

No141（2013年12月）各地の復刻塗装車　第22回バスワールド，🅟丹後海陸交通

No142（2014年2月）特集　電気バス2014　AT車⑫南海バス🅟日立電鉄交通サービス

No143（2014年4月）各地で走り出した大型電気バス🅟中国バス／井笠バスカンパニー

No144（2014年6月）日本初上陸　韓国製大型電気バス🅟小湊鐵道，日野レインボーRJ

No145（2014年8月）三菱ふそう新型エアロスター🅟小田急箱根高速バス／伊丹市交通局／尼崎市交通局　バス輸出⑤日産自動車

No146（2014年10月）西武バスの超長期モニター車交替　第65回IAA，AT車⑮北海道中央バス🅟茨城交通／関西空港交通

No147（2014年12月）特集　バス車内をもっと快適＆清潔に🅟しずてつジャストライン

No148（2015年2月発行）幕を閉じた熊本市と小松島市の市営バス🅟西武バスグループ

No149（2015年4月発行）いすゞ“14.5型”エルガハイブリッド🅟広島電鉄／HD西広島

No150（2015年6月発行）創刊25周年記念号　特集　沖縄県のバス2015　特別寄稿　バスラマ25周年に寄せて①

No151（2015年8月発行）特集　バスラマのVISIT　台湾　いすゞエルガ一新！🅟名鉄バス

No152（2015年10月）いすゞ新型エルガ＆日野ブルーリボン　新潟のBRTが運行開始　🅟京成バス

No153（2015年12月）バスワールド2015の会場から　台湾ツアー　🅟会津乗合自動車

No154（2016年2月）日野ブルーリボンハイブリッド　バスワールド2015　🅟名鉄観光バス

No155（2016年4月）特集　2016春のオムニバス🅟熊本都市バス／新京成バスグループ

No156（2016年6月）いすゞ新型エルガミオ，アストロメガ🅟くしろバス／阿寒バス

No157（2016年8月）国内外のバス自動運転のトライアル　京都のBYD電気バス　🅟広島バス

No158（2016年10月）IAA2016　特集　いま観光バスがおもしろい！　各地の運転競技会　🅟東濃鉄道

No159（2016年12月）特集　いま観光バスがおもしろい！後編　シターロGに乗る　🅟じょうてつ

No160（2017年2月）特集　トヨタコースターが一新　居住性重視の高速バス登場　バスラマの台湾再訪　🅟遠州鉄道

No161（2017年4月）特集　2017年春のオムニバス　トヨタ燃料電池バスの話題🅟瀬戸内運輸／瀬戸内海交通

No162（2017年6月）クルーズトレインのバスの話題🅟神戸市交通局

No163（2017年8月）🅟宮崎交通　特集　28年規制適合の新型バスに乗る　日光に路面電車型バス登場

No164（2017年10月）日野セレガショートに乗る🅟東急バス／札幌観光バス

No165（2017年12月）🅟京都バス　沖縄で10台のBYD電気バス登場　バスワールドヨーロッパ（前編）

No166（2018年2月）特集　2ペダルの最新観光車に乗る　バスワールドヨーロッパ（後編）🅟山梨交通グループ

No167（2018年4月）特集　2018春のオムニバス🅟近鉄バス，大阪市営バスが民営化

No168（2018年6月）日野の最新安全技術，メルファ試乗　中国揚州亜星訪問＆上海バス事情🅟神奈川中央交通グループ

No169（2018年8月）特集　台湾最新バス事情　日野セレガ12mAMT車に乗る　関電トンネルの電気バス　🅟四国交通

No170（2018年10月）新型トヨタコースター　開発者に聞く　第68回IAA（商用車）にみる新技術🅟小田急バス／小田急シティバス

No171（2018年12月）バステクin首都圏の最新バス＆機器　エレベーター付リムジンバス運行開始🅟江ノ電バス

No172（2019年2月）東京都交通局のフルフラットバス　会津乗合のBYD電気バス🅟豊鉄バス／豊鉄観光バス

No173（2019年4月）特集　2019春のオムニバス：11事業者の新車レポート，佐世保市営バス事業終了🅟関東バス

No174（2019年6月）国産ハイブリッド連節バス登場！JRバスドリーム号50周年　2019バステク　🅟大阪シティバス

No175（2019年8月）特集　UITP 2019に見る最新バス　日野セレガの自動検知型EDSS　バスラマのブラジル　バス紀行①🅟長電バス

No176（2019年10月）第5回バステクin首都圏の注目車　最新バス機器・用品ガイド　相鉄バスが自動運転バスを営業運行🅟川崎市交通局

No177（2019年12月）第5回バステクin首都圏の新技術　バスワールド2019（前編），新型スカイバス・UNVI登場🅟宮城交通／ミヤコーバス

No178（2020年2月）特集　2020電気バス最新動向　バスワールド2019（後編），国産連節バス🅟京都市交通局

No179（2020年4月）特集　2020春のオムニバス：横浜市の連節バス，富士急行のBYD K9など各地の新型車・新路線，30周年記念インタビュー①🅟中日臨海バス

●ぽると出版の出版物の通信販売について

弊社出版物の通信販売は下記の要領で受け付けております。

代引着払い：Eメール（portepub@nifty.com），FAX（03-5481-6597），ハガキで，住所・氏名・電話番号・希望商品・冊数を弊社までお知らせ下さい。通知が届き次第，発送いたします。商品到着時に代金［商品代金＋送料＋代引手数料265円］を配達係員にお支払い下さい。弊社ウェブサイト（http://www.portepub.co.jp），Amazonからご注文もできます。

代金先払い（代引手数料は不要です）：郵便局に備え付けの郵便振替用紙の加入者欄に「00190-7-20159 株式会社ぽると出版」，用紙表面の通信欄に希望商品と冊数をご記入の上，商品代金と送料をご送金下さい。ご入金から商品到着まで1週間程度かかります。なお郵便振替手数料はお客様のご負担となります。

定期購読のお申し込み：上記の「代金先払い」と同じ方法で，郵便局から郵便振替でご送金下さい。通信欄に定期購読開始の号数をお書き下さい。年間定期購読は，バスラマ通常号のみ（計6冊，送料込10,110円）と年鑑バスラマ込（計7冊，送料込12,630円）の2種類からどちらかをお選び下さい。

銀行振込または請求書ご希望の場合：予めEメール，FAXまたは電話で企業名・所在地・電話番号・ご担当者・お申し込み内容を弊社あてお知らせ下さい。なお銀行振込手数料はお客様のご負担となります。

＊多部数の場合の送料などご不明な点がありましたら，弊社までお問い合わせください。

●バスラマ販売書店

■下記の書店には毎回バスラマが配本されています。なおご注文は下記以外の書店からもできますので，ご利用下さい。

■書店名〔＊はバックナンバーもあり〕 **北海道**／紀伊國屋書店（札幌本店，＊札幌オーロラタウン店，札幌厚別店），＊三省堂書店札幌店，＊MARUZEN＆ジュンク堂書店札幌店，＊ジュンク堂書店旭川店，帯広喜久屋書店，宮脇書店帯広店，**青森**／ジュンク堂書店弘前中三店，**岩手**／さわや書店本店〈盛岡市〉，＊ジュンク堂書店盛岡店，**宮城**／＊アベ模型〈仙台市〉，ジュンク堂書店仙台TR店，**秋田**／ジュンク堂書店秋田店〈秋田市〉，スーパーブックス八橋店〈秋田市〉，ブックスモア（湯沢店〈湯沢市〉，大館店〈大館市〉），**山形**／こまつ書店本店〈山形市〉，ゲオ酒田バイパス店，**福島**／西沢書店〈福島市〉，＊ジュンク堂書店郡山店〈うすい百貨店9F〉，**茨城**／川又書店エクセル店〈水戸駅〉，**栃木**／八重洲ブックセンター宇都宮パセオ店，**千葉**／三省堂書店（そごう千葉店，カルチャーステーション千葉店），ときわ書房本店〈船橋駅〉，丸善津田沼店〈ザ・ブロック〉，**埼玉**／ジュンク堂書店大宮高島屋店，丸善丸広百貨店東松山店，木つつ木〈ふじみ野市〉，**東京**／書泉グランデ〈神田神保町〉，＊書泉ブックタワー〈秋葉原〉，＊八重洲ブックセンター東京駅本店，丸善（丸の内本店，＊多摩センター店），三省堂書店東京駅一番街店，啓文堂書店（渋谷店，明大前店，仙川店，府中店，高幡店，高尾店，永山店，多摩センター店，鶴川店，荻窪店，吉祥寺キラリナ店），リブロ錦糸町店，有隣堂アトレ大井町店，＊RYUSENKEI〈世田谷区〉，＊ブックファースト新宿店〈モード学園コクーンタワー〉，＊東京旭屋書店（池袋東武百貨店，ジュンク堂書店（池袋店，プレスセンター店〈内幸町〉，＊吉祥寺〈コピス吉祥寺6F・7F〉，大泉学園店），MARUZEN＆ジュンク堂書店渋谷店〈東急百貨店本店7F〉，ミニカーショップイケダ〈日暮里〉，＊オリオン書房ノルテ店〈立川・パークアベニュー3F〉，**神奈川**／有隣堂（伊勢佐木町本店，ルミネ横浜店，横浜駅西口店，厚木店，精文館書店下永谷店〈横浜市〉，あおい書店川崎駅前店，丸善ラゾーナ川崎店，文教堂モアーズ店〈横須賀市〉，啓文堂書店（小田急相模原店，橋本店），＊ジュンク堂書店藤沢店，**山梨**／＊バスの店ビー・ユー〈甲府市〉，＊ジュンク堂書店甲府店〈岡島百貨店6F〉，**長野**／平安堂（長野店〈長野駅前〉，上田店），丸善松本店〈コングロM B1・1・2F〉，**新潟**／紀伊國屋書店新潟店，＊知遊堂（三条店〈三条市〉，上越国府店〈上越市〉），ジュンク堂書店新潟店〈新潟市〉，本の店英進堂〈新潟市〉，**富山**／＊ブックスなかだ掛尾本店〈富山市〉，**石川**／TSUTAYA金沢店，**岐阜**／カルコス（＊本店〈岐阜市〉，各務原店，穂積店），＊丸善岐阜店〈岐阜市マーサ21 3F〉，**静岡**／谷島屋（パルシェ店，浜松連尺店，サンストリート浜北店〈浜松市〉，磐田店），焼津谷島屋登呂田店，＊MARUZEN＆ジュンク堂書店新静岡店〈新静岡セノバ5F〉，**愛知**／＊ジュンク堂書店名古屋店，＊三省堂書店名古屋本店，丸善（＊名古屋本店〈栄〉，ヒルズウォーク徳重店〈名古屋市緑区〉，イオンタウン千種店〈名古屋市千種区〉，アピタ知立店〈知立市 ギャラリエアピタ知立店2F〉，精文館本店〈豊橋駅前〉，カルコス小牧店，**三重**／丸善四日市店〈近鉄百貨店四日市店地階〉，コメリ書房（鈴鹿店〈鈴鹿市〉，松阪店〈松阪市〉），**滋賀**／＊サンミュージックハイパーブックス長浜店〈長浜市〉，大垣書店大津一里山店〈大津市〉，ジュンク堂書店滋賀草津店〈草津市〉，**京都**／アバンティ・ブックセンター（京都駅八条口），ふたば書房京都駅八条口店，大垣書店（＊京都ヨドバシ店，＊イオンモール京都桂川店），＊丸善京都本店〈京都BAL B1・B2F〉，キタムラAVIX福知山店，**大阪**／旭屋書店なんばCITY店，ジュンク堂書店（＊大阪店〈梅田〉，＊難波店，＊あべの店〈あべのハルカス〉），＊MARUZEN＆ジュンク堂書店梅田店，紀伊国屋書店梅田本店，スーパーキッズランド本店〈浪速区〉，＊ポポンデッタ大阪日本橋店，野村呼文堂本店〈枚方市〉，＊サンミュージックハイパーブックス茨木店〈茨木市〉，**兵庫**／＊ジュンク堂書店（三宮店，三宮駅前店，西宮店，明石店），喜久屋書店辻井店〈姫路市〉，**奈良**／＊啓林堂書店学園前店〈奈良市〉，和歌山／宮脇書店ロイネット和歌山店〈和歌山市〉，**鳥取**／ブックセンターコスモ吉方店，**岡山**／紀伊國屋書店クレド岡山店，喜久屋書店倉敷店〈イオンモール倉敷〉，**広島**／紀伊國屋書店（広島店，ゆめタウン広島店），フタバ図書ブックスラフォーレ店〈広島市〉，丸善広島店〈天満屋八丁堀ビル7F・8F〉，ジュンク堂書店広島駅前店，啓文社PP店〈福山市〉，**徳島**／紀伊國屋書店徳島店，＊附家書店松茂店〈板野郡〉，**香川**／宮脇書店高松店，ジュンク堂書店高松店〈瓦町FLAG 3F〉，紀伊國屋書店丸亀店，**愛媛**／＊ジュンク堂書店松山店，**福岡**／紀伊國屋書店（＊福岡本店〈博多駅〉，ゆめタウン博多店，久留米店），＊ジュンク堂書店福岡店〈天神〉，丸善博多店〈JR博多シティ8F〉，**佐賀**／紀伊國屋書店佐賀店，**長崎**／メトロ書店本店〈長崎市尾上町〉，紀伊國屋書店長崎店，**熊本**／紀伊國屋書店（熊本光の森店，熊本はません店），**大分**／紀伊國屋書店アミュプラザおおいた店〈大分市〉，ジュンク堂書店大分店〈大分市〉，**鹿児島**／ジュンク堂書店（天文館店，＊鹿児島店），紀伊國屋書店鹿児島店，**沖縄**／＊ジュンク堂書店那覇店〈美栄橋駅〉 ほか

1/76バスモデル"CLUB BUSRAMA" 通信販売のご案内

"CLUB BUSRAMA"は，三菱ふそうエアロスターノンステップ南海バス（10%税込3,850円），同・大阪市交通局CNG仕様（10%税込4,070円）が発売中です。

●**代引着払い**：弊社ウェブサイト（http://www.portepub.co.jp/）の注文ページまたは，FAX（03-5481-6597），Eメール（portepub@nifty.com），ハガキで，住所・氏名・連絡先電話番号・希望商品名と希望個数をぽると出版までお知らせ下さい。通知が到着次第，発送いたします。商品到着時に，代金［商品代金＋地域別送料＋代引手数料265円］を配達係員にお支払い下さい。

●**料金先払い（代引手数料は不要です）**：郵便振替「00190-7-20159 ㈱ぽると出版」あて希望商品名・個数を明記の上，商品代＋地域別送料をご送金下さい。

●**地域別送料**（商品1～2個まで同額）は都内810円，東北・関東・信越・東海870円，近畿970円，中国・四国1,100円，北海道1,300円，九州1,300円，沖縄1,350円です。3個以上の送料については，当社までお問い合わせ下さい。

●**商品の交換について**：輸送途中の破損・汚損などの理由により交換をご希望の際は，商品到着後1週間以内に当社にご連絡下さい。なお当社以外の販売店の通信販売による商品の交換は，必ずお求めになった販売店にご連絡下さい。

●"CLUB BUSRAMA"はホビーショップ等でも販売しております。ホビーショップの所在地等は弊社ウェブサイトでご確認下さい。お求めの際は，在庫ご確認のお問い合わせをされることをお勧めします。

三菱ふそうエアロスター CNG〈大阪市〉

BUSRAMA ANNUAL 2020→2021

編 集 後 記

コロナに振り回された…というのが実感となった2020年。緊急事態宣言を受けて"用意していた話題が消し飛んだ""計画を見直した"という話ばかりで明るい話題は残念ながら限られた。その中での恒例のマイバスねた賞は，流行初期段階でセンセーショナルな報道をされたクルーズ客船の乗客輸送を行った横浜市交通局の皆さんに。全く未知の病気で全国的，いや世界的な注目が集まる中，現場は不安いっぱいの中で業務に携わられたと思う。バスは安全・安心に利用者を運ぶのが使命であり，その意味では"黄色い水玉のバス"としては忘れてしまいたい記憶なのかもしれない。しかしこのコロナ禍に地元のバス事業者が担った偉業として，自分の中では文句なしの大賞。まだまだ先が見通せないが，今年もご安全に！（や）

今回から「ノンステップバスの全国各地の採用状況」の掲載を中止した。この調査・集計は，国産の量産型ノンステップバスが発売された1997年から実施しており，導入状況をご紹介することで，普及を後押ししようという意図があった。あれから23年，新車の路線車はノンステップが主体で，都市圏で活躍した車両が地方で「第二の人生」を送る姿も散見され，全国津々浦々に行きわたるのは時間の問題と思える（普及のスピードが速いか遅いかの評価はあるが）。一方で路線バスのダウンサイジング化・乗合タクシーの台頭などの新しい動きが出てきており，ノンステップバスの調査・集計は役目を終えたと思う。「百年河清を俟たされる」状況下でも時代は前に進んでおり，時代に追い着く努力は「自粛」してはいけない。（Y）

2020年は遊休車両を活かしたマニア向けツアーやイベントが盛んだったが，JRバス4社が行った「KINGS SUMMIT in京丹波」は特徴的だ。コロナ禍前から企画されていたのかどうかは不明だが，古いバス好きをターゲットにしている点では，我がCLUB BUSRAMAバスツアーと相通じる点もあるし，何より4社合同という点が気持ちいい。次の期待は北～南までJRバス8社合同ツアーだが，それが実現できるような安全な社会の到来にも期待したい。さて今号では，膨大な点数なのでついつい目を逸らしがちな（？）写真所蔵庫の中から，初期のポジフィルムをデジ化して歴史編を構成してみた。たかが30年，されど30年。富士重，西工，そして北村と，日本のバスはまだまだバラエティに富んでおり，個性的でもあった。（S）

雑誌などで見かける星占いや干支占いの記事には目を通す方だが，自分から占い師を頼ることはないし，そもそも信じてもいない。でも昨年の今頃，1年後を正確に占った人がいたら駆け付けたいものだ。まさか海外取材が一度もない年が来ようとは。創刊以来30年間で初めてである。そうした時期こそ意外な発見があるのかもしれないが，容易に人と会えない環境ではそれも難しい。多くの読者と共に辛抱しつつ明るい世情が戻ることに期待したい。それでも可能な限り各地に足を運び取材を続けることができた。ご対応いただいた皆様のご理解とご協力には改めて深く感謝する次第。我々の仕事は決して不要不急ではないのだが，移動途中にリスクがない保証もない。自己責任とは次元が違うものの今日の健康に感謝！（W）

次号の『年鑑バスラマ2021→2022』は2022年1月末の発行予定です。写真等のご投稿は2021年12月10日までにお願いします。〈編集部〉

バスラマ最新刊の案内はぽると出版ウェブサイトでご覧ください

http://www.portepub.co.jp/

写真撮影・提供者

朝倉 博（HA），岩田正樹（MI），太田 貴（TO），片岡 博（HK），儀武 博（HG），清水健司（Sk），鈴木央文（Sz），田中 正（Tn），永原健吾（Ng），中村公亮（Nk），西塚 明（AN），森 崇（Mt），森田哲史（Mo），三箭哲志（TM），山内重幸（Ya），京浜急行電鉄，四国電力，新常磐交通，立川バス（TB），東急バス，東武バス，マクニカ，メーカー各社，バスラマ編集部（順不同・敬称略）

スタッフ・印刷所

〈和文英訳〉板倉素明
〈編集スタッフ〉斎藤 崇，柳沢孝尚，吉田英二，和田由貴夫　〈販売〉諸見 聡
〈印刷〉㈱ひでじま　　Printed in Japan

年鑑バスラマ 2020→2021

2021（令和3）年2月2日発行
発行人　和田由貴夫
発行所　株式会社ぽると出版
〒155-0031　東京都世田谷区北沢2-23-7-302
☎(03)5481-4597　FAX(03)5481-6597　郵便振替00190-7-20159
URL　http://www.portepub.co.jp/　　E-mail　portepub@nifty.com
定価：本体2,000円＋税　　ISBN978-4-89980-521-2
©Porte Publishing Co.2021　　本誌掲載記事・写真・図版の無断転載をかたく禁じます